Imperfect but Happy : a journal of raising a baby by an optimist

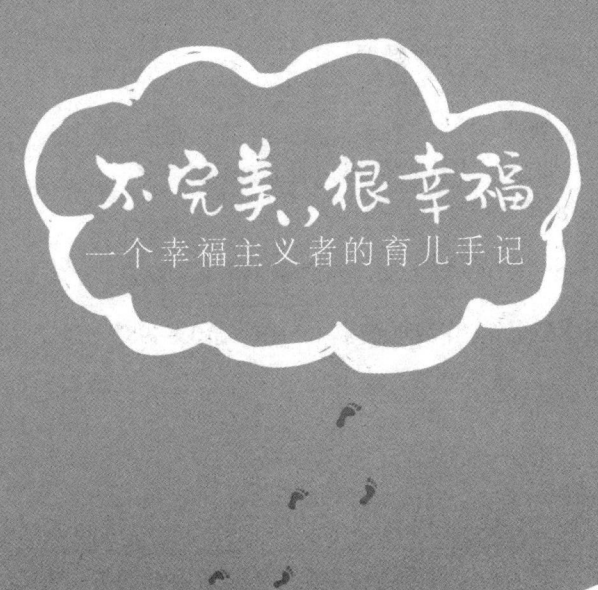

不完美，很幸福
一个幸福主义者的育儿手记

张春杰 ◎ 著

图书在版编目（CIP）数据

不完美，很幸福：一个幸福主义者的育儿手记 / 张春杰著. —北京：当代世界出版社，2018.3
ISBN 978-7-5090-1347-2

Ⅰ.①不… Ⅱ.①张… Ⅲ.①家庭教育 Ⅳ.①G78

中国版本图书馆CIP数据核字（2018）第031498号

书　　名：	不完美，很幸福：一个幸福主义者的育儿手记
出版发行：	当代世界出版社
地　　址：	北京市复兴路4号（100860）
网　　址：	http://www.worldpress.org.cn
编务电话：	（010）83908456
发行电话：	（010）83908409
	（010）83908455
	（010）83908377
	（010）83908423（邮购）
	（010）83908410（传真）
经　　销：	全国新华书店
印　　刷：	北京盛彩捷印刷有限公司
开　　本：	710毫米×1000毫米　1/16
印　　张：	15
字　　数：	220千字
版　　次：	2018年3月第1版
印　　次：	2018年3月第1次
书　　号：	ISBN 978-7-5090-1347-2
定　　价：	42.00元

如发现印装质量问题，请与承印厂联系调换。
版权所有，翻印必究；未经许可，不得转载！

愿每位妈妈都能和孩子一起度过美好的童年和快乐的青少年时期。

东东原型　　妈妈做的东东

不完美，很幸福
一个幸福主义者的育儿手记

这本书讲的是：
一个北京男孩东东
从幼儿园到高中期间
真实的故事
故事发生在2000年至2015年

不完美，很幸福
一个幸福主义者的育儿手记

目录
CONTENTS

1　想成为哪一棵树啊

5　就是不想举手

7　这个「枝杈」，要不要砍掉呢

10　不是凉席，是车啊

13　宝贝，太阳叫你起床了

16　好心疼邮票和书啊

19　真的要读三十遍吗

22　曲项向天歌，就是伸着脖子向天空叫啊

25　可怜的布艺沙发

28　为什么要把香水倒到地板缝里呢

31 小鸡很烦恼

34 别烫到你啊

37 小话痨

40 原来游戏可以这么玩

43 学习也很好玩啊

46 今天就不要学习了

49 去书店好好消遣一下

52 丢、丢、丢……怎么能不丢呢

55 「马虎」是一幅要命的画

59 「谢谢」，要用心说

62 今天有点不开心

66 你要是他，会怎么样呢

69 「赤子」是光着身子吗

72 拉钩上吊，后果自负

75 不「欠账」，也不用跑得太远

78 去坐地铁和公交玩

82 和「凶」老师讲话，奖励汉堡包

86 小河水，慢慢地流

89 只有一个人的体育夏令营

92 来自夏令营的一封信

94 去打篮球，因为女生喜欢

97 被踢进去八个球的足球守门员

100 这可不是破石头

103 拒绝课外辅导班

106 散伙蛋糕

109 散散步,聊聊天

113 你说,妈妈听着呢

116 比比谁更囧

121 妈妈弱爆了

124 写给东东的第一封信

126 写给东东的第二封信

128 写给东东的第三封信

131 男生为什么要让着女生啊

134 遇到个找麻烦的女生

137 口头禅这么有威力啊

139 几起几落的班长

142 谁不爱电脑,那就好好爱吧

145 想挣点钱,那就行动吧

148 牙齿一定要齐齐的

151 来吃烤翅吧

154 做个世界公民

156 去见见世面

159 尽情地疯吧

162 准备好被打劫

200 四菜一汤和公交论坛
197 课间变成茶歇时间
193 庄敬日强
189 「职业规划」这么做啊
186 到底什么职业好呢
182 你是最棒的
179 人为什么要生病啊
175 你们为什么不喜欢我
172 满脸写着「着急」
169 妈妈的话真有超魔力
165 要乱到天上去吗

225 后记
222 做最好的自己，就好了
216 接受妈妈的参访
213 学习真的有捷径吗
210 手机使用管理办法
207 零食筐和满墙的喵星人
203 高考马拉松赛程

本书插图里的布偶均为作者张春杰的手工作品。

想成为哪一棵树啊

北京的玉渊潭公园里,妈妈拉着小东东的手,悠闲地散步玩耍。

小东东突然在一棵长满红果果的小树前停了下来。

妈妈走了过来,蹲下身子,拉起小东东的手,指着旁边一棵长得很高的大树,说:"看这棵大树多高啊!我们小东东以后要长得和这棵大树一样高啊!"

小东东把手从妈妈手里抽回来,指着旁边刚刚看了又看的那棵小树,说:"不,我要成为这个树。"

妈妈吃惊地看着小东东,不知道说什么好。

妈妈开始仔细端详东东要成为的那棵小树,自言自语地说:"嗯!这棵小树确实挺漂亮呢,但就是有点矮啊!"

说完,妈妈站起身,心里想,如果园丁把它的一些枝杈慢慢修剪下去,也许有一天它也会长成一棵稍大一些的树吧!

因为妈妈想起小时候的自己,每年春季都会看到园丁把树的一些枝杈修剪下去。园丁说,这是为了让树往高长,最后长成一棵又粗又高的大树。

妈妈再次蹲下身，和小东东一起看着他喜欢的那棵小树。然后，妈妈像园丁一样指着树的一个小枝杈，说："这个树杈是可以剪掉的。"

谁知小东东却说："为什么要剪掉啊？会很疼的！"

妈妈说："为了让这棵树长得更高啊！"

小东东问："为什么要长那么高啊？"

妈妈还真的有点无语了。

是啊！公园里有很多种树，每棵都以自己不同的姿态生长着。想想看，如果园丁把不同的树种都修剪成大杨树那个样子，那么，公园里的园林景观又会变成什么样子呢？

妈妈突然觉得小东东说得也有道理呢。

其实，面对"张牙舞爪"的孩童，做父母的还真有点像园丁。他们手里握着剪刀，时刻思量着：哪些枝杈要剪下？哪些枝杈要保留？

而小东东们想的则是：会很疼啊！就这个样子不是很好嘛！

……

从此，妈妈很尊重小东东的特性，并没有随意修剪掉他身上长出的"枝枝杈杈"，只是小心翼翼地看护着，有时见长歪了会去扶一下。

妈妈想让东东这棵小树保留他自己的特点，因为他和别的"树"不一样，只想让他成为最好的自己。

说到小东东和其他孩子的不一样，妈妈回忆起他三岁时的一件事。

一次，一家三口去家附近一个广场玩耍。小东东骑着儿童自行车速度很快，由于担心他会摔倒，妈妈不断大声提醒他："慢点骑啊！"

小东东突然忍无可忍地大声哭喊道："我出来是想放松一下的，可是和你们在一起总是紧张。"

这句话，让妈妈印象极其深刻。所谓"三岁看到老"，就是小东东的那句呐喊，让妈妈意识到他是一个极其敏感、容易紧张的孩子。

唉，上帝把人类造就得各具特色：有的急，有的慢；有的"二皮脸"，有的脸皮极薄。哪种是好的？哪种是坏的？

只能说各有优劣，一言难以尽之。

比如，追求完美的人可以把事情做得尽善尽美，但过于吹毛求疵，自己就会很累；脾气急的人也不全是不好，可以高效率地把事情做完，但急躁容易伤人伤己；而不愿受束缚的人具有很大的创造性潜能，但是习惯我行我素，难以融入团队……

妈妈发现小东东身上的很多"树杈"后，没有急匆匆地砍掉，而是悄悄在那个"急急的枝杈"旁边嫁接出一枝磨性子的发展个人兴趣爱好的小枝杈；然后，根据营养的分配，一个慢慢蜕化，一个逐渐成长，还有一个"完美主义枝杈"因旁边长出了一枝"大咧咧的枝杈"。它们相互牵制，和谐相处……

亲爱的孩子，你想成为一棵怎样的小树？

亲爱的爸爸妈妈们，你们又想让自己的孩子成为一棵怎样的大树呢？

写给妈妈们：

如果把父母比作园丁，他们和真正的园丁相比还不一样。园丁会负责公园里很多棵树，而父母这一生恐怕只管理"一棵树"。从这点来看，爸爸妈妈们似乎要清闲些，但是这棵树被管理的时间很长，所以责任和辛苦程度并不轻。

园丁一般是要持证上岗的，可有些父母尚未拿到"园丁证"就上岗了，还没人考核监督其是否合格。所以，身为家长务必自觉自律，主动学习一点"园丁知识"是非常必要和必需的！

首先，"修剪"原则应该是，以这个"枝杈"将来会不会影响孩子的幸福，作为衡量和判断的标准；其次，尊重其个性特色，并因势利导地帮助孩子将个性中的优势发挥出来；当然，把影响其未来幸福的缺点"扶"过来甚至剪掉，也是至关重要的。

关键是"扶"的力度问题：不可力度过大，造成逆反就会伤着根儿；也不能用力过小，那是扶不过来的。很多妈妈因为爱孩子心切，一旦发现"枝杈"，一斧子砍掉，那极有可能毁掉孩子的某个好天赋。所以，教育和培养孩子是一件需要用心和走心的事。

就是不想举手

　　妈妈高高兴兴地到幼儿园参加开放日活动。

　　小二班的二十几个孩子的家长都来了，很多家长还带了照相机和摄像机，很想给宝宝们留影纪念。

　　孩子们的节目表演开始了。大家都表现得不错，每个宝宝都很可爱。接着是问题抢答时间，小朋友表现得更加踊跃。老师的提问刚结束，很多小朋友的手就举起来，家长的照相机也对着他们举了起来。

　　妈妈的目光一直盯着小东东，可他分明没有举手啊，只是微笑地看着周围举手的小朋友，又看看老师。

　　妈妈心里犯嘀咕：难道他不知道这个问题的答案吗？大部分孩子都举手了，只有两三个孩子没举手，其中就有她的小东东。

　　再看其他家长自豪的表情，妈妈越发不自信了。

　　活动结束后，家长们都把孩子接走了。小东东也高高兴兴地拉着妈妈的手往家走。

到家后,他继续看自己喜欢的动画片,妈妈拿来切好的水果给他吃。然后,妈妈坐下来,若无其事地问小东东:"你为什么不举手回答老师提出的问题呢?是你不知道答案吗?"

没想到,孩子的回答是,已经有那么多小朋友举手了,而回答问题只需要一个人,所以自己就不用再举手了。妈妈有点吃惊,继续问:"那如果没有人举手,你会举手吗?"小东东说:"如果我知道答案,我就举手啊!"

妈妈想了想,觉得也对,就说:"好吧,不爱举手就不举吧!"

写给妈妈们:

作为妈妈,总希望自己的孩子表现得出色和出众,凡事都要"占上风""抢风头",唯有如此方能显示孩子是优秀的,心里才会踏实和高兴。

其实,孩子有自己的想法,不举手、不发言,不等于不优秀。一是,孩子可能有自己的想法;二是,孩子的性格可能比较害羞。

小孩子的一些表现谈不上"好"或"坏"。允许孩子有自己的想法和个性,只要不影响他们的发展,就让他们顺其自然地去成长吧!

家长不要着急,不要批评孩子,更不要因此对孩子失去信心。

这个"枝杈",要不要砍掉呢

由于工作单位和幼儿园同在一个大院里,每天都是爸爸送小东东去幼儿园。

每天早晨,父子俩都要和时间赛跑,稍晚一点出家门,路上必定堵车,就会影响爸爸的上班时间。但四岁的小东东就是不配合,不管大人们怎么着急,他总是慢慢悠悠的,或干脆原地不动地躺在床上。

其实,不只是早晨上幼儿园这事小东东不急,平时做事的时候,他也是慢条斯理的。而妈妈恰恰是一个急性子,每次看到儿子磨磨蹭蹭的,心里真是急啊!

每当这时,妈妈都会想:要不要把小东东这个"慢"的枝杈彻底砍掉呢?但冷静下来,她想到自己曾承诺过不随便修剪儿子的枝杈,于是笑笑说:"算了,顺其自然吧!"

有时,爸爸下班晚,小东东就会在幼儿园的托管班里等爸爸来接。托管班里的孩子不只小东东一个,还有小、中、大班的其他孩子,都是家长不能及时来接的孩子。年龄不同的孩子凑在一起做游戏,或随意地玩耍。

一次，小东东把一个大班男孩的画纸给撕碎了。妈妈了解到这个大班男孩总喜欢欺负比自己小的孩子，并用很脏的话骂他们。小东东气不过，就去制止他，大班男孩较劲儿地说："看你敢不敢撕了我的画儿！"小东东立刻就将那张画纸撕得粉碎。那个大班男孩当时就被镇住了，当然也和老师告了小东东的状。

当幼儿园老师把小东东的这个"小枝杈"告诉给妈妈后，妈妈想了很久，并没有批评小东东，只是说，"以后遇到这样的事可以找幼儿园的老师来解决。"妈妈后来和爸爸说："我是怕自己修剪掉未来一个男人的正义，还有主张正义的勇气和胆量啊！"

还有，那个"慢"的小枝杈，妈妈虽然心里着急，却还是把它留了下来。没想到这个"慢枝杈"后来成长为小东东"专心和投入"的枝干。直到现在，儿子无论学习还是做事，一点浮躁的情绪都没有，总是踏踏实实、有板有眼、一丝不苟的，这一点常常让妈妈感到欣慰。

亲爱的小朋友，你是不是也有一些自己不知道的枝杈啊？

亲爱的爸爸妈妈们，你们是不是也为孩子的很多小枝杈烦恼呢？

写给妈妈们：

在小东东的成长过程中，妈妈从来没有说过一句"你看谁谁……""你怎么没有谁谁……"之类把他和其他孩子做比较的话。她认为那是对孩子最大的不尊重。

中国的很多妈妈非常奇怪，总是谦虚地给孩子找出很多榜样，恨不得把他们放到那个"好孩子模子"里量一量、修一修、炼一炼，才心安理得。

还有些妈妈很好强，总觉得自己的孩子一定要比别的孩子优秀才行，特别是要和那些公认的"好孩子"一比高下。你的孩子学了什么，我的孩子也必须学；你的孩子举手发言了，我的孩子也要积极表现……

其实，每个孩子天生就是不一样的。心理学在解释四种类型气质的人时说，不同的气质类型只是一种性格特质，没有好坏之分，这和未来个人成绩的取得及幸福与否都没有直接的关系，那些特质只是表明他的个性特点。

所以，爸爸妈妈没有权利要求自己的孩子必须是什么样的，也没有权利剥夺他们的特点和特征。每个孩子都是不一样的，他们实现幸福的渠道方法，以及对幸福内涵的理解可能存有巨大的差异。

那就为自己的孩子制定专属于他们的幸福成长之路吧。然后，用心观察，用心取舍，用心栽培，未来孩子的那棵幸福的小树定会根深蒂固，枝繁叶茂。

不是凉席，是车啊

小东东有一个最大的爱好，就是把家里所有他能移动的东西都放在地上推。每天，他在客厅和卧室的狭窄过道里，把东西推来推去，乐此不疲。

他把大一点的东西叫"大卡车"，把长一点的物件叫"公交车"，把小一点的东西叫"小轿车"。长此以往，家里的凉席、坐垫等物件被小东东放在地上推得乱七八糟，破败不堪。

他总是单腿跪地推行，裤子膝盖处总是脏脏的，并且很快就会磨出洞洞来。

爱整洁的妈妈每天和小东东抗争，不断把地上的凉席放到沙发上。小东东感到妈妈这样做干扰到了自己，就说："不要动我的车。"

妈妈故作生气地说："那不是车，那是凉席。"

小东东却坚定地说："它不是凉席，它是车。"

……

一天下班后，妈妈到家已经很累了。可一进门，就看到小东东把玩具、坐垫、凉席等物件扔得满地都是。妈妈真的很气馁。

晚上，妈妈无奈地对爸爸说："越是不让他乱扔，他就越要乱扔，难道三岁的孩子就叛逆了吗？"爸爸说："是啊，乱糟糟的有那么好玩吗？真搞不懂小孩子是怎么回事啊！"

就这样，爱整洁的妈妈每天和小东东抗争，却统统败下阵来。妈妈有点不知所措，也有点茫然：小孩子到底是怎么回事？小孩子心里是怎么想的？小孩子为什么有时会做些在大人看来不可理喻的事？

亲爱的小孩，你能告诉妈妈们这是怎么回事吗？

亲爱的妈妈，你有没有遇到过这样让自己崩溃的事呢？

写给妈妈们：

没有不爱孩子的父母，因此，也就很少有父母思考"如何去爱"的问题，认为爱孩子是父母的天性，与生俱来，不用学习。其实，很多父母真的不知该怎样爱孩子；或者说，不知怎样爱孩子才是对的。

还好，这个世界有一门可以"看透"人心的学问，它就是心理学。心理学中有一个分支叫"成长心理学"，它会告诉我们人一生的成长发展规律，这样，你就会知道怎么去应对一个两岁小家伙的哭哭闹闹、怎么去招架一个四岁小顽童的无理取闹了。

我们不能按照自己的想法去带领孩子，而要按照孩子的成长规律和"成熟度"伴其成长；更不能用自己的心智去要求孩子，因为他们的世界和成年人的完全不同。如果因为自己的标准和要求而无视孩子的世界，必然会给自己带来烦恼，给孩子造成伤害。

了解孩子的心理，并赋予关注和呵护，这和陪伴在他们身边同样重要。

宝贝，太阳叫你起床了

爸爸睁开眼睛看了看墙上的挂表，猛地坐了起来，着急地说："今天又起晚了。"妈妈也赶快起床，急急地走到小东东的床边，然而，她还是稍作停顿，俯下身用舒缓而又愉悦的声音说："小东东，美好的一天又开始了，我们起床吧！"小东东伸了一下懒腰，眼睛睁开又闭上，然后慢慢坐了起来。

……

这是周一至周五，每天早晨叫醒小东东的场面。

每当看着小东东香甜的睡像，妈妈都不忍心叫醒他，但又必须在上班前把他送到幼儿园。并且，还要在出门前宝贵的半小时内完成上厕所、洗漱、穿衣服等例行事务，于是，每天早晨一家人都像在和时间打架似的。

小东东的幼儿园和小学距离家都很远，北京的早高峰时间又相对较长。所以，头天晚上，爸爸和妈妈就相互叮嘱对方，明天一定要早起，提前冲出拥挤路段。可每天早晨，望着小东东熟睡的可爱面孔，妈妈总是不忍心早早叫醒他。直到实在来不及了，妈妈才会下决心似的用舒缓的声音叫醒儿子。

听到妈妈的声音，小东东会微微睁开眼睛看看，然后马上又闭上。妈妈便会继续耐心地用尽可能甜美的声音说："宝贝，今天幼儿园会不会有新的小朋友来呢？会不会有新玩具呢？"一听到"新朋友""新玩具"这两个令人兴奋的词汇，小东东就会再次睁开眼睛。妈妈继续说，"周末，妈妈带你去动物园看熊猫，好不好啊？"小东东最喜欢看熊猫了，索性高兴地坐起来，开始穿衣服。就这样，小东东的每一天都是以憧憬心中的美好作为起点的……

妈妈还提醒爸爸，即使再急，也不能用喊叫声和焦躁的声调叫醒孩子。一次，爸爸叫醒小东东的声音大了些，妈妈就说，"孩子的神经系统很脆弱，别刺激到他啊！"爸爸却说，"分明很着急，每天却要用悦耳的声音叫醒孩子，真的很难做到啊！"然后，妈妈就给爸爸做示范，说"不管多么着急，也不差那几秒钟"。妈妈每天叫醒小东东的程序是这样的：让自己急躁的情绪停住两秒钟，然后深呼吸几下，清清嗓子，把声音放在最放松温和的状态，说："宝贝，太阳公公叫你起床啦！"

妈妈希望小东东能在憧憬美好的愉悦心情中起床，再开始新一天的生活。因此，再急她也不会把儿子从床上拽起来。即便这样，妈妈仍然很心疼小东东。每到周末一定让小东东睡到自然醒。

妈妈还常和朋友说，小孩子能睡到自然醒，该是多么幸福的一件事啊！特别是在婴幼儿时期，要能睡得足足的就好了。

但如果被叫醒是不可避免的事，而且叫醒方式还很粗暴，这对孩子该是多大的伤害啊！

写给妈妈们：

孩子用眼睛看世界，用耳朵听世界。让孩子看到更多美好的东西，让孩子听到更多悦耳的声音。每一位母亲必定都是这样想的，也努力这样做着。

焦躁的声音会把孩子带入焦躁的状态和氛围中；舒缓温和的声音会让孩子感受到新一天的美好，让心中充满憧憬。

母亲的声音应该是孩子最熟悉的声音，这对他们来说应该是童年的至美回忆。所以，请每天用最温柔的声音叫醒你的孩子，让他们在温情中醒来。每个母亲都能做到，你也一定能做到。

我们是如此渴望自己的孩子能获得幸福，还好，这幸福的钥匙就掌握在我们自己手里。

请所有父母都温柔对待幼小的孩童，更要格外珍惜孩子十八岁前的岁月，并且好好呵护他们。

好心疼邮票和书啊

小东东所在的幼儿园又有小朋友感冒了。幼儿园最怕流行感冒，孩子们不会自我保护，加之抵抗力差，往往班级里有一个孩子感冒了，全班都会被传染上。所以，妈妈没有让小东东上幼儿园，而是留在家里和奶奶一起玩耍。

下班后，妈妈急忙赶回家。一进家门，却发现家里很安静。奶奶正在厨房里做饭，小东东则安静地坐在书房一个角落里，专心致志地做着什么。

妈妈一边叫着儿子的名字，一边走过去。小东东则赶紧抬起头，吃惊又警觉地看着妈妈。"我的天啊！"妈妈几乎是叫了出来，因为她看见了让人崩溃的场面：

小东东一只手拿着红色的签字笔，一只手拿着一本打开的书，书页上被画上了密密麻麻的对号。不仅如此，小东东四周还有好几本妈妈最喜欢的其他书，甚至还有几本邮册。有些书和邮册是打开的，已被小东东用红笔在上边画了很多对号。

妈妈真的是恼火了，但仍是压住声音，尽可能平静地问："为什么要这样做呢?"

小东东说,在幼儿园里,如果自己做对了题,老师就会用红色的笔在上面画一个对号。

妈妈无语了——原来小东东是在模仿老师,他觉得那个红色的"对号"好帅啊!所以就乐此不疲地把书和邮册一本本、一页页地打开,在上面画上对号。

妈妈是一个超级爱书和爱整洁的人,再说,那些邮票一旦染上红色的墨迹可能就毫无收藏价值了。这个孩子真是干了一件"大坏事"呢!妈妈心里这么想着,也真的有些生气了。但她还是克制住了自己,努力用平静、温和的声音说:"我们谈谈吧!"

小东东也感到自己做了一件"坏事",用有点愧疚和恐惧的眼神儿看了一眼妈妈,小声争辩道:"书不影响看吧!"妈妈说:"你是觉得这个作家写得好,才给他判了对号吗?"小东东有点不好意思地点了点头。妈妈接着说:"可是这些书被画上对号,是不是就不美观整洁了?也会影响阅读啊!"

小东东看看被自己画满对号的书页,想了想,说:"我知道了,以后不会再这么做了。"妈妈恢复了平静,说:"好吧!我相信你。"然后,妈妈和小东东用"拉钩上吊"的方式做了约定。

后来,小东东真的没有再做过这样的"坏"事。

妈妈之所以克制住了自己,没有大声训斥孩子,是因为有一次,她带着小东东到商场去买东西,看到一位妈妈几乎是在用歇斯底里的声音斥责孩子。一旁的小东东完全被吓坏了。妈妈当时就想,这位母亲怎会生这么大的气呢?她的孩子该有多么害怕,多么难堪啊!那个小男孩无助而又恐惧的眼神始终留在妈妈的脑海中。

就是从那一刻起,妈妈决定永远不用那种方式对待小东东,即使他犯了再大的错误,亦不会用斥责的语气和歇斯底里的声调对他讲话。既然对自己承诺了,不管小东东犯了多大的错误,不管多么让人抓狂,妈妈都会努力克制住自己。所幸,小东东没有因此变得任性,反而很少再让妈妈感到失望和生气了。

写给妈妈们：

有时候，小孩子真的会让妈妈很生气，但大声斥责孩子，就能解决问题吗？歇斯底里地和孩子叫嚷，难道是为孩子好吗？这世界还有什么比你的孩子更宝贵的？这世界还有什么比一个妈妈爱自己的孩子更重要的？只要静下心来，我们就会想明白这个道理。

我们气急败坏地冲孩子喊叫，无非是为了发泄一下自己的内心情绪，或说因过于生气而没有忍住。当然，我们也想以此威慑住孩子。但是，大声斥责孩子，结果只有两个：一个是孩子的自尊心很受伤害；另一个是孩子逐渐习惯了妈妈的抓狂。

所以，不要把斥责和歇斯底里的声音留在孩子的记忆力里，更不要把这种解决问题的方式及心态传给自己的小孩，要让孩子长大后成为一个心态平和、遇事淡定理智的人。即便孩子已把你气到快爆炸的程度，也要忍一忍，气头儿一过，再尝试和孩子讲道理，让他们知道自己错在哪里。你会发现，用冷静的态度、平和的语调处理小孩子的"无理取闹"能起到意想不到的良效。

真的要读三十遍吗

小东东洗漱好，高高兴兴地躺在床上等妈妈。每天睡觉前的时间，都让小东东特别高兴，这是妈妈给他读故事书的时间。

妈妈这次拿来一本新的故事书，坐在床头的椅子上，清了清嗓子，准备读给小东东听。谁知小东东赶紧把妈妈手里的新书抢过来，放在床的一边，然后把他自己准备好的那本书递到妈妈手里。这本书因为读的次数太多，已被翻腾得有些破损了。

妈妈问，"还要读这本吗？"

小东东点头，说："是。"

"可这本书我们已经读了很多遍了啊？"

但小东东执意还要听这一本。

妈妈说："好吧！快读三十遍了啊！"

说完，她就开始快速读了起来。

可只读了两句，就被小东东制止了："妈妈，好好读。"

然后，妈妈清了清嗓子，像第一次读时那样，字正腔圆、热情饱满、声情并茂地读。

小东东则专心致志又饶有兴致地听着。

第二天，又到了读故事的时间。

小东东早早就把那本故事书准备好了。

妈妈吃惊地说："还读这本？真的要读三十遍吗？"

小东东笑着点头。

唉，反复听一本故事书，而且百听不厌，并且还要求妈妈每次读的时候，都要和第一次读的时候一样认真，真是考验大人的耐心啊！

妈妈读了一半，突然有点咳嗽，读不下去了。然后，小东东自己接着把下边的故事讲完了。小东东讲的时候，妈妈很吃惊，认真地核对着故事书里的文字，结果发现他竟然一字不差地复述了下来。原来，读了这么多遍后，小东东已经把故事内容完整地背了下来，而且一字不差。

妈妈觉得这件事很有意思，就经常拿这件事和小东东做游戏。比如，她故意读错一个词或一个字，结果小东东立马就能指出来；或者，妈妈开了个头儿，就会说，"今天你来当妈妈，我来当宝宝，你读给我听。"小东东虽然认识的字不多，但已经把每页内容熟记于心，故事讲得滚瓜烂熟，不知道的人还以为书里的字他都认识呢！

小东东上学后，表现出了超强的阅读和写作能力。妈妈就会想，这是否与当年一遍遍热情饱满地给他阅读童话书有关呢？

哈哈，即使没有关系，那些当时看似很"无聊"的阅读，今天也成了母子间最美好的回忆。

写给妈妈们：

耐心和陪伴就是对孩子最好的爱，不管他的要求是否合理，只要不出格儿，那就尽量满足他们吧！

不管你的身体有多累，你的心里有多烦，都要争取更多的时间陪伴孩子。多陪他玩耍，多给他读故事书，还要尽可能做到不厌其烦，热情饱满，投入其中。

比如给孩子读书讲故事这件事，也许就是在帮孩子在未来的语言表达方面埋下伏笔，并且培养了他们对语言的热爱和兴趣。即便这些都没有，单是投入地和孩子享受一下亲情时光，也是世间最美好的事情啊！

语言是人类最重要的交流工具，对于孩子而言，学习语言就是这么简单，只要他有需求，和周围需要沟通，他就会慢慢学会说话；而周围的人说什么语言，他也会学说这种语言；周围有几种语言环境，他就会说几种。那么，给孩子讲故事、读故事书，也是一种语言的操练。

> 曲项向天歌，
> 就是伸着脖子向天空叫啊

妈妈从幼儿园接上小东东后，两人朝回家的公交车站方向走去。

"鹅鹅鹅，曲项向天歌；白毛浮绿水，红掌拨清波。"一路上小东东嘴里一直背诵着刚刚从幼儿园学的诗句。

妈妈也很高兴地和小东东一起背诵着："鹅鹅鹅，曲项向天歌；白毛浮绿水，红掌拨清波。"

公交车来了，小东东和妈妈上了车，坐在前边的一个双人座位上。

小东东继续小声地背诵："鹅鹅鹅，曲项向天歌；白毛浮绿水，红掌拨清波。"

妈妈打断小东东，问："'曲项向天歌'是什么意思啊？"小东东想了想，摇了摇头。

妈妈思忖片刻，竖起自己的一根手指，问小东东："你看我这个手指很直吧？"

小东东点头。

妈妈把那个竖起的手指头弯了起来，问："那这回还直吗？"小东东说："不直了，弯了。"

妈妈说："对，用'弯'可以组成一个词，是'弯曲'。"

小东东听明白了，继续点头。

妈妈用手摸着小东东的脖子问，"这个部位叫什么啊？"

"叫'脖子'啊！"

妈妈说，"对，但如果用一个字叫它，就叫做'项'。"

小东东完全听明白了，使劲儿地点头。

妈妈接着说，"鹅的脖子很长，它在水里欢快地游着，高兴了就对着天空唱歌。"

小东东把妈妈刚才的各种解释连在一起，接过妈妈的话说，"曲项向天歌，原来就是伸着脖子对着天空叫啊！"

妈妈被逗笑了，说："对啊！你觉得美不美啊？"

小东东说，"还算美！"

从此，只要妈妈带着小东东去家附近的公园里游玩，看到湖泊里的鹅游来游去，小东东都会大声说："你们曲项向天歌啊！"鹅好像听懂了似的，伸着脖子对着天空叫上几声。

周末小区的中心花园里，聚集了很多家长带着孩子玩。家长们会让孩子背诵唐诗，看谁家的孩子背得多、背得好。妈妈没有让小东东"表演"这个，也从不要求他死记硬背任何一首诗，她觉得如果不真正理解诗词的内涵，即使背下来，也不一定能长久记住，更不会使用，那和没记住一样。

在小东东成长的过程中，时不时就会接触到那么一两个成语典故。妈妈从不嫌麻烦，总是用当时他能听懂的词语将这些典故解释得清清楚楚、明明白白，直到这个词语被他完全掌握。但小孩子接触和能理解的词语毕竟有限，有时会遇到用语言怎么也解释不清楚的境况。这时，妈妈就会用肢体动作和表情进行描述，或是画画，直到孩子完全理解为止。

难怪，小东东小学开始写作文时，老师总是惊讶于他怎么会有那么庞大的词汇量，很多词语还没有学到就被他精准地用上了。原因就是那些词汇早已被小东东彻底领悟理解了。

写给妈妈们：

语言其实很简单，正常发育的儿童都会逐步掌握它，然后使用它沟通生活和学习。语言又很不简单，很多人走向工作岗位后，会有很多关于语言的感触：我的口才不好、我的语言表达能力不足、我的文字表达能力有限……这些都会直接影响一个人的发展。

我们不需要自己的孩子未来成为语言文字大师，但能够将自己的内在价值通过语言和文字表达得恰如其分，还是必要的。

从小训练一个人的语言表达能力，尽可能地让他使用恰当、规范和简洁的语言与外界沟通是很重要的。

如何从小训练孩子具有这样的能力取决于家长和孩子的沟通方式，还有理解性地精读、不放过生涩的词语、理解性地背诵古典诗词，这些都会让孩子的语言能力逐步得到提升。

在倡导素质教育和传统文化教育的今天，很多家长已经意识到让孩子有更多机会、尽早接触古典诗词的必要性。但请一定记住，让孩子多记住几个成语和典故不是根本，最重要的是让他真正理解消化，方能体会其中的美好和绝妙。也只有真正理解一个词语的意思，才会在写作中用到，在说话中用到。一个人的语言能力和写作能力，就是这样积累起来的。只要长期坚持下去，孩子必定会对中国文字和语言产生极大的兴趣和自豪感，这更是一种文化的传承。

可怜的布艺沙发

午休时间，妈妈旁边工位的小伙子正在看动画片，饶有兴致的样子很让人羡慕。妈妈情不自禁地凑过去一起看，真的很好看。

妈妈问同事："这是什么动画片啊？真的挺有意思啊！"

同事说："迪士尼英语原版动画片啊！你们家孩子平时不看吗？"

这话还真就提醒了妈妈。说实话，妈妈的英语能力并不好，属于那种对外语很发怵的人，还真有点担心孩子以后在这方面像自己。经同事这么一提醒，她想，这么有意思的动画片小东东一定会喜欢的，关键是他可以一边看动画片一边学习英语了。

在小东东两三岁的时候，各种信息和媒介资源远没有现在丰富，比较流行的也就是看动画片。

动画片买回家后，妈妈就播给小东东看。小东东果真喜欢，那股高兴劲儿和兴奋劲儿就别提了。

当时，家里为了防止小东东不小心磕碰到，特意买了一套布艺沙发，厚厚的那种。小东东可不管，他一边看着动画片，一边光着脚在沙发上蹦来蹦去。随着动画片的节奏，一会儿大笑，一会儿惊恐，一会儿趴在沙发上，一会儿跳起来，一会儿又重重坐在上面……随着剧情的节奏，他兴奋地跳来跳去，根本停不住，欢乐无比。

妈妈有时还真有些心疼沙发，不得不让小东东坐下来安安静静地看。可几秒钟的平静过后，随着剧情的变化，小东东就忘了妈妈的嘱咐，继续上蹿下跳，蹦来蹦去。不久，那套沙发的弹簧就被他彻底蹦坏了。

妈妈观察到，小东东一开始只是单纯地去看动画片，然后表情会随着剧情的跌宕起伏变来变去；后来，就和角色一起大声地蹦出几个英语单词；再后来，就能说出完整的英语句子；再再后来，他竟然能和动画片里的人物用英语对话，开始"指挥""提醒"人家了。不知不觉中，小东东竟然在蹦蹦跳跳中掌握了很多英语词汇，只是那套沙发是彻底报废了。

后来有人问起，小东东的英语怎么那么好时，妈妈都会想到为此牺牲掉的布艺沙发，会说，"沙发好可怜啊！"

写给妈妈们：

  培养孩子的各项技能，有时候真的是无心插柳柳成荫。做妈妈的可以做一些设计，即使你非常用心，也最好让孩子在接受的时候处于很自然的玩耍状态，这样做的效果是最好的。

  很多家长为了不让孩子落在起跑线上，过早地给孩子报各种学习班、辅导班，但千万别忘了孩子的天性就是"玩"。大人不也是这样吗？如果让我们玩游戏，一天都不会觉得累；但如果要求我们今天必须把那个游戏玩完，恐怕也就失去了放松的心情，甚至会把这种娱乐当作任务。

  同理，学习是一件很辛苦的事，父母如果把学习当成一件过于严肃和正经的事安排给孩子，孩子就会觉得受到束缚，从而感到压力，进而产生逆反。家长们完全可以把学习这件苦事变成游戏，让孩子在自由自在的"娱乐"中，不知不觉地学习，岂不是一举两得？

  以娱乐的精神，引导孩子采用开心的、愉悦的学习方式，让他们在玩耍过程中潜移默化地学到东西，孩子必定会感到快乐和放松，学到的东西自然也会比较深入和扎实。

为什么要把香水倒到地板缝里呢

爸爸、妈妈和奶奶正在客厅里聊着天。妈妈突然想到小东东：这孩子怎么不见了呢？于是轻轻唤了一声："小东东。"没有回声呢！妈妈急忙站起身，去找儿子。

西边卧室的门紧紧地关着，妈妈有点奇怪，通常折扇门是不关的。她急急走过去开门——嗯？门被反锁上了，打不开。妈妈更奇怪了，在那之前，小东东是从来不会反锁着门的。再说，锁上门干什么呢？妈妈更急了，大声问："东东，你在里边吗？开门！"叫了好几声后，门终于打开了。

……

哇，妈妈被眼前的一切惊到了。

小东东有点心虚地看着妈妈，手里还拿着一个小小的香水瓶，瓶里的香水好像只剩下一半了。旁边的地板上横七竖八躺着三个空的香水瓶。

妈妈急急走过去，蹲下身，拿起空香水瓶，吃惊地问儿子："你把里边的香水都倒掉了？都倒到木地板缝里了？"

小东东站起身，有点害怕地看着妈妈，然后微微点点头。

妈妈又气又无助地看着儿子问："你为什么要做这件事啊？这是一件坏事，你知道吗？"

原来，香水是爸爸刚从法国出差回来带给妈妈的礼物，是一个礼品装，共装有五小瓶各色香味的香水，结果都被小东东倒到木地板缝里了。

闻讯赶来的奶奶和爸爸也知道了小东东干的"坏事"。奶奶赶紧把孙子抱起来，怕妈妈一时忍不住打他。

妈妈一时心疼这些香水，几乎要哭出来。要知道，这些香水她还一次都没有用过呢！小东东好像也知道自己闯了大祸，吓得直哭。

然而，心疼归心疼，妈妈并没有惩罚小东东，只是问他："你为什么要这么做？"

小东东说，"只是觉得好玩。"

妈妈再问，"那你知道这么做错了吗？"

小东东点头说："知道了。"

妈妈再问小东东："以后，还会不会再做这样的事？"

小东东说："不会了。"

妈妈用认真而严肃的表情和声调，要求小东东再次保证以后不会做相同的事。

小东东认真地说："真的不会了。"

妈妈并没有因此事而过多地惩罚和责备小东东，但也可能是当时她的表情非常严肃，反正从那以后，小东东再也没有做过这样的"坏事"。

写给妈妈们：

在孩子做了让你忍无可忍的事的时候，也要忍耐，不要为了一时的痛快而体罚孩子。

冷静下来，细细思量，事情已经发生，即便惩罚孩子也是于事无补的，不过出出气而已。再说，这世上没有什么比孩子更重要了。当然，也不能毫无原则地当作什么也没发生，或见孩子害怕了，马上心软地去安慰他们。在孩子面前要保持原则，当他们做错事时，必须采取恰当的方式告诉孩子：这样做是错的，而且，类似的事情是不可以再做的，让他们知道今后做事情的尺度和界限。

小鸡很烦恼

六一儿童节，幼儿园放假了，小东东欣喜若狂。

午饭后，爸爸妈妈带着小东东到公园里玩。公园里的人可真多，真热闹啊！

公园门口有商贩正在卖小鸡仔，毛茸茸的，吱吱地叫着，可爱得很。很多小朋友都围着小鸡看热闹。

小东东也非常喜欢小鸡，央求爸妈给自己买一只。爸妈想到今天是小东东的节日，就说"好吧"，遂给他买了两只可爱的小鸡。

小东东别提多高兴了，很快就给两只小鸡起了名字，稍稍大一点的叫"大炮"，小一点的叫"二炮"。妈妈听到这样的名字，觉得很奇怪，就问小东东："为什么起这样的名字？""不为什么，就喜欢这么叫。"小东东表示。妈妈点头道，"那好吧！"

自此，小东东就和大炮、二炮形影不离，在公园里玩的时候一直用手摆弄它们。回到家里，还是不停地鼓捣它们，小鸡一直发出吱吱的叫声。

唉！妈妈有些后悔给小东东买了小鸡。因为他太喜欢"折磨"这两只小鸡了，一刻不停地用手戏弄它们，不让它们吃饭和休息。

这怎么能行呢？怎么能这样对待小鸡呢？妈妈实在看不下去了，就和小东东说，"小鸡累了，让它们休息一下，吃点东西，睡一觉吧！"可是，小东东完全听不进去，继续折腾那两只小鸡，小鸡则发出更加尖锐的声音，以此表示自己的不满。小东东反而觉得这样更有趣了。

这时，妈妈在一旁叫道："小东东，你过来，和妈妈一起玩一会儿吧！"

小东东很不情愿地过来找妈妈，还恋恋不舍地看着两只小鸡。

妈妈说，"我们表演一个节目好不好？我扮演你，你来扮演小鸡？"

小东东觉得很好玩，高兴起来。

于是，妈妈开始模仿小东东"折磨"小鸡的样子"折磨"他。小东东觉得很好玩，不停地大笑。可被妈妈不停捉弄几分钟后，他就开始烦了，有些不高兴地说："不玩了！不想被妈妈这样鼓捣来鼓捣去的，很难受，并不好玩。"

妈妈停下来，俯下身把小东东拉到面前，耐心地说，"这回你知道小鸡也很难受，很烦了吧？"

小东东想了想，然后认真地点点头，说："嗯，是不好受呢！"

妈妈说，"那你能让它们休息一会儿吗？你去玩玩具好吗？"

小东东说，"好的。"然后，他很同情又恋恋不舍地看了看小鸡，去玩玩具了。

从此，只要小东东提出一些无理的要求，或有任性、胡闹之举，妈妈也不会发火，而是复制他的行为，将这种无理取闹表演得惟妙惟肖。每当这时，小东东都会被妈妈的"表演"搞得哈哈大笑，或者感到很不好意思，进而也就不再胡闹了。

写给妈妈们：

  面对孩子的无理取闹，家长们不妨也做一次"孩子"，在他们面前尽情地任性、胡闹、蛮不讲理，且看孩子如何应对。如果他们意识到自己的错误，那么，我们就可以停止"折磨"他们，重新当回家长。

  这种换位表演，不妨一试。

  其实，不只是小孩子，大人不也是这样吗？我们要求别人总是很严格，但对自己却极其宽容；我们也不喜欢那个犯错误的人，但总认为自己从来都不会犯错误。

  我们对别人的伤害，有时候是无意的，因为我们从来没有试图从对方的角度去考虑问题。当有机会站在对方的角度时，我们就会宽容很多了。

  面对孩子的错误，当道理讲不通时，我们只需想办法告诉孩子，他们做了一件什么样的事，且让他自己去感受、去观察，这就够了。

别烫到你啊

小东东家好热闹,因为是周末,来了好多客人,爸爸妈妈的亲戚都到家里来做客了。

妈妈做了一大桌子的菜,丰盛得很。十几个人围坐在餐桌周围,有说有笑。小东东也是激动得安静不下来,不停地给客人拿杯子,倒饮料,自己一会儿要吃这个,一会儿又要吃那个。妈妈怕他影响客人用餐,一边制止他,一边安抚他。但小东东实在是太高兴,怎么也安静不下来。

"哐当!"一个玻璃杯被小东东碰倒,摔在了地上,玻璃碎片散落一地,热水也洒在地上,溅到妈妈的脚上。所幸水温不是太高,但还是把她烫了一下,吓了一下。

全屋人都看着母子俩。小东东知道自己闯了祸,也终于安静下来。客人们屏住呼吸,看妈妈如何惩戒儿子,小东东也有些害怕了。

妈妈起身去拿扫把,把地上的玻璃渣子打扫干净,然后回到餐桌旁,温和地看着小东东,问:"没烫着你吧!我知道你是不小心的。"大家都舒了一口气,小东东也不好意思再闹腾了，大家若无其事地继续快乐地吃饭。

当客人们离开之后，妈妈还是和小东东谈了谈，问他打碎杯子的一刻，心里是怎么想的。小东东说，当时以为妈妈会训斥他一通呢！

妈妈接着问他，"如果当时真的被训斥了，你会怎么样？"

小东东说，"也不能怎么样，本来就准备好被训的。"

妈妈又问他："现在没有被训，你又是怎么想的？"

小东东表示："以后会小心点，乖点。"

妈妈点头道，"那好吧！"

写给妈妈们：

有话好好说。说起来容易，做起来却并不容易，而且很难。

对孩子尤其如此，因为他们真的很难管理，常常惹得家长火冒三丈。情急之下，家长难免口不择言，还怎么好好说话？于是，什么话最具有杀伤力就说什么话，完全不计后果。有人曾在网上罗列了父母最常说的十句伤害孩子自尊的话："笨蛋，没用的东西！""住嘴！你怎么就是不听话？""我说不行就不行！""我再也不管你了，我从你的身上看不到任何希望！""你的脑袋被狗吃了……""你可真行，竟做出这种事！""你又做错了，真笨！""一看你就没多大出息，将来就捡破烂吧！""都是一样的孩子，你怎么就不如别人？""就知道玩，一提学习就没精神。"

其实，父母说过的伤害孩子自尊的话，又何止这些？

我们对孩子的不当行为要明确地指出来，也要就事论事，切忌图一时痛快，上纲上线地使用侮辱性词汇，或者给孩子贴上标签。在孩子犯错误的时候，要给他们留些情面，小孩子也是有自尊心和自省能力的。而且，只有保留尊严的批评才会使孩子受益，从而让他们成长为我们所希望的那样。

小话痨

小东东终于成为小学生了。

自从上学后,大家就开始叫他"东东"了。

放学后一进家门,东东就走过来和妈妈说,"121路的公交车换车型了。"

妈妈应道,"哦,知道了。"

此阶段的东东成了名副其实的小话痨,放学回到家里,总和妈妈说个不停。

妈妈正在准备晚饭,没有多大热情听东东讲公交车换车型的事。孩子有些失望,因为他从小就特别喜欢公交车,说起公交车的话题总是滔滔不绝,特别喜欢分享给妈妈听。见妈妈不太理会自己,东东走回客厅,开始鼓捣自己的书包和玩具,一个人玩起来。

过了一会儿,妈妈从厨房里走出来,坐在客厅的沙发上。她把电视打开。东东又凑了过来,坐在她对面,继续讨论公交车的事。

东东说,"妈妈,这次的121路公交车换成柴油车了。"

妈妈看着电视,简单回应道:"哦!"

东东有些不高兴了，觉得妈妈虽然在听自己说话，但不是最好的听众。在他看来，最好的听众应该是交谈时，保持眼神的交流，即便做不到全神贯注，至少应该注意力集中。

妈妈似乎有点意识到东东的不满，把脸扭向儿子，故作兴奋地问，"柴油车比汽油车好吗？"问完，她无意识地斜视了一眼电视屏幕，此时播放的新闻正是她所关心的话题。

但这个稍稍走神儿的动作被东东发现了。他很不高兴地说："你为什么不能认真听别人说话？为什么听别人说话时还要看电视？"

妈妈歉意地笑了，说："对不起，我是有点走神儿了。"

"如果以后你再这样，我就不和你说话了。"

妈妈装作紧张的样子表示："那可不行，我现在就把电视机关了，好好地听你说话！"随后，她真的把电视关了，端端正正地坐在儿子面前，听他讲述柴油车和汽油车的利弊。

此后，每当有人说自家孩子在家不喜欢说话时，妈妈便笑道，"我家可是有一个小话痨啊！要不然让东东到你家说几天去？"

话虽这么说，妈妈还是很喜欢听东东说话的，也特别理解东东。

妈妈常和爸爸说，东东在学校一整天都在上课，没时间和同学交谈，没时间对自己喜欢的事情发表观点和见解，于是，回到家里特别想和妈爸好好说说话，这也是好事。再说，喜欢说话，说明他喜欢分享，喜欢分享总是好的；还有，在紧张的学习之余，和人说说话，阐述一下自己对某件事的观点，也能放松自己。她还说，做妈妈的如果连这点耐心都没有，又谈何爱自己的孩子？

妈妈常用上面这些话语劝说其他家长，也用来鼓励自己。

从此，只要东东想倾诉，妈妈就会耐心地倾听。不管有多少事等着她去做，她都会劝诫自己：没有什么比孩子更重要的了。这也更激起了东东说话的欲望，他也因此成了一个小小演说家。

东东说，妈妈听；东东说，妈妈点头；东东说，妈妈微笑；东东说，妈妈做恍然大悟状……母子因此无话不谈，也成了最知心的朋友。

写给妈妈们：

在熙熙攘攘的人群中，懂得做一个安静的倾听者，显得尤为重要和有意义。这个烦躁的世界从来不乏声音，但倾听者稀缺，尤其缺乏用心去倾听孩子讲话的人。

孩子和父母之间，大致的情况是这样的：父母说得多，孩子听得多。作为家长，与其填鸭式地谆谆教导，还不如把话语权交还给孩子。当然，这并不意味着大人完全被孩子所主导，而是在耐心的倾听中，潜移默化地成为主动者。聪明的父母会从孩子的话语中发现他们成长中的蛛丝马迹，以及各种苗头，从而使自己的教育更为有的放矢。

所以，务必给孩子创造能够给予倾听的环境，静下心来，放下琐事，安安静静地听孩子说话，做他们最好的听众，这样的机会并不多，请珍惜。

原来游戏可以这么玩

东东放学后,看妈妈在厨房里准备晚饭,就一个人急急忙忙进了书房,打开电脑,找游戏。

妈妈走到书房,东东立马把电脑显示屏给关了。

妈妈有点吃惊地说:"你在看什么?为什么这么神秘?"

东东有点紧张道:"没什么啊!"

"你是不是想玩一会儿游戏啊?"

东东有点不好意思地回答:"是。"

"那你就玩吧!"说完,妈妈坐在东东旁边,"我看看是什么游戏,好玩吗?"

东东只好把电脑显示屏打开,原来是一个模拟开车的游戏,车型很漂亮,道路也很逼真。

妈妈说:"这个看上去还不错嘛!你玩啊,我看看!"

东东带有表演性质地玩了起来。

看了一会儿，妈妈说，"你自己玩吧！我得去做饭了。"

东东点头道，"好啊！"

妈妈指着电脑显示屏下边的时间，说："记得啊，看一下时间，你只能玩到六点半，如果你不守信用，下次就不可以玩了。"

东东说："好嘞！"

就这样，妈妈在厨房做饭，东东在书房里玩游戏。六点半的时候，妈妈悄悄走到书房外，见东东已经把电脑关了，正在认真地做作业。

后来，妈妈对这个开车游戏也很感兴趣，经常是东东在电脑前用键盘开车，妈妈坐在一边当"副驾驶"，两人一起"周游世界"。

妈妈一边充当副驾驶，一边观察这个游戏的内容。游戏开始是司机一人开车，跑运输的活儿，从一个地方接到活儿，把货送到指定地点，然后会有人跟司机结算运输费，司机把挣来的钱存在自己的虚拟账户里。东东就这样"开"着车几乎跑遍了世界各地。

作为一名司机要对各地交规、习俗、交通状况，乃至语言了若指掌。为了挣更多的钱，为了圆满完成每次运输任务，为了不被罚得"倾家荡产"，东东必须学会看路牌和各种英语对话，还有管理、运输成本的核算等。总之，他就像一

个跑国际运输业务的老板，必须考虑得面面俱到。

为此，东东很认真地学习每个陌生的英语单词，饶有兴致地观察各地的沿途风光，仔细计算每次运输的成本和路程。后来，经过努力，东东在游戏中已逐步将"事业"发展成一家跨国运输公司，妈妈还为此给他庆祝了一下。

在这个游戏里，东东掌握了很多英语单词和会话。由于途径德国、意大利、法国、俄罗斯等非英语国家，东东还试着了解这些国家的语言，并且总结了若干学习各门外语的规律。当然，最主要的是，他通过这个游戏放松了自己，更体会到了少年一路癫狂的快乐。

写给妈妈们：

电视、电脑、手机，已成为妨碍孩子学习和成长的三大天敌，家长们谈之色变。

面对以上三者，很多家庭采取了不同措施：有的是家长可以用、可以看，但孩子不能用、不能看；有的家庭做得很民主，为了孩子的学习，家庭成员一律杜绝电视和电脑。

可是，有几个孩子能拒绝游戏的诱惑呢？别说孩子了，就是家长不也很喜欢玩吗？其实，从另一个角度看，喜欢玩并且会玩也是一种能力。学习不仅限于课堂上，不局限于书本，通过各种载体都可以学到知识，只要孩子想学就鼓励他们去学，包括在游戏里学习。比如东东的开车游戏，不仅涉及外语知识，还有如何控制成本的内容，让孩子从小就有精打细算的意识，以及为了"公司"有发展，还需要运筹帷幄，这些经历不都是在学习吗？

人是跟着时代和社会走的，新鲜事物扑面而来，势不可挡，大可不必视其为洪水猛兽。家长只要引导孩子学会节制，学会变通，并参与其中，与孩子共同体验学习，未尝不是一件好事，分享的同时，也做到了监督，一举两得。

学习也很好玩啊

"语文课学习什么啊？"

"学习语文有什么用啊？"

"数学课学习什么啊？"

"学数学有什么用啊？"

……

小学一年级开学前，妈妈对东东提出以上问题。然后，他用孩子能听懂的语言对此详加解释：

"语文课，可以认识很多生字，还有好玩的词，以后你看书的时候，就不会有不认识的字了，也更能听懂大人们说的很多话是什么意思了。"

"数学课就更有意思了。学会数学，你就可以自己去超市买好吃的，而且绝对不会算错钱！"

东东认真地听妈妈说完这些，高兴坏了，恨不能马上就开学，一天就全部把语文、数学学完。

妈妈说，"那可不行。学习确实是一件很好玩的事，而且会越来越好玩。但你得慢慢来，就和玩游戏一样，要日积月累慢慢玩，最后才能玩成一个数学家和语言文字大师，这样才算高级玩家！"

东东听明白了，说，"好的。"

开学后，除了语文和数学，还有其他课程，妈妈做的第一件事就是给东东"开窍"，揭开每门学科的神秘面纱，详细讲解每门课程的意义。为了把每门课程所要学习的内容说得有趣，她尽可能避免说教的口吻，而是用讲故事的方式，从而勾起东东极大的好奇心和求知欲。

妈妈还会耐心地告诉儿子，如果你从这门课中了解了"这些"，或者达到了"这样"的效果，你就会"怎么样"，对你有什么好处等等。此外，她还把每门学科和现实生活、未来工作职业的关联讲给东东听，讲得妙趣横生，体现出一个人有知识的巨大优势和乐趣以及自豪感。

这些都激发了东东学习的兴趣，他总能把最无聊的课也听得津津有味，因为他发现了枯燥知识背后的用途和乐趣。他还会把自己对知识的领悟分享给其他同学，他的"东哥小课堂"很受大家的欢迎。

"特别好玩！""原来是这样！""太有意思了！"……这些成为东东的口头禅。

因为觉得学习像游戏，所以，有关学习的事情都成为乐趣，因此，东东从不偏科，也就是说，没有他不喜欢的学科。作为家长，妈妈从没听东东说过哪门功课没意思或者学不会、不想学之类的话，哪怕是在很多人看来很枯燥的科目，他也能发现其中有趣的部分和自己的兴趣所在。

东东的很多同学周六日都要接受家长的安排去补课，很多家长似乎也接受了这样的事实，觉得每个孩子都有软肋，自己的孩子也不例外，为了考试成绩、顺利升学拼命地给孩子补习薄弱科目。妈妈从未给东东安排过课外补习班，但他的学习成绩一直是班级内比较好的。同学的家长都很好奇地问妈妈，"东东为什么那么喜欢学习？"妈妈想了想说，"他可能一直把学习当成玩吧！"

其实，东东的每科成绩未必是班级内最好的，但由于没有短板，每科成绩都很均衡，校内综合排名时，他却总是名列前茅。何故？全因他将学习看作玩，乐在其中，乐此不疲。

写给妈妈们：

孩子的天性就是玩，让孩子觉得学习是在玩就好了。

我的秘诀就是：发扬娱乐精神、发现知识的乐趣、体会掌握知识的自豪感，这三驾马车的驱动力是很大的。

编排教材对于国家教委来说是一件大事，设置什么课、不设置什么课，不是拍脑袋拍出来的。既然作为一门学科纳入学生的课程内，必定有其道理，作为家长无须去怀疑，只要帮助孩子发现学习的价值和意义，然后解释给他听。孩子只有了解了这些，才会逐步培养出学习的兴趣。

偏科会导致孩子在考试排名时极为吃亏。最关键的是，它可能会给孩子的人生造成缺憾，使其某一方面的才能过早地被抹杀或埋没。从长久来看，各学科之间都是相互关联的，知识全面的孩子今后会把事业做得更大、更深、更好。所以，帮助你的孩子去发现各个学科的乐趣吧！

所谓父母和孩子一起学习，我想可能就是帮助孩子"开窍"吧！

今天就不要学习了

东东坐在书桌前,似乎有点不开心的样子,整个人精神头也不是很足。

妈妈走过来,关切地问:"怎么了?"

东东说,"马上就要期中考试了,很着急呢!很想好好学习,但好像因为感冒,头脑有点晕晕乎乎的。"

妈妈摸了摸东东的额头,说,"是有点热呢!"

她出去给东东倒来一杯水,督促道:"多喝点水吧!还有,既然不舒服,今天就不要学习了,更不要想考试的事。把学习的事彻底放放,安心地听听音乐,放松放松自己!"

东东有点着急,"那考不好怎么办?"

"那也没有关系啊!再说,你上课不是很认真地听讲了吗?看能考成什么样。"

东东说,"那肯定会考不好的。"

妈妈说,"考试不就是为了看自己学得怎么样吗?考不好也没有关系。通过考试知道哪些地方还没学好，然后亡羊补牢，不就可以了吗？"

东东想了想，说："也是。"

其实，不只是在东东不舒服的时候妈妈会劝他停止学习，只要是他不在学习的最佳状态，或者不想学习，妈妈就会说，"那今天就不要学习了。"

在妈妈看来，学习不是做给别人看的，更不是给自己做样子，学习不是为了心理安慰，它是学习知识、掌握知识、领会知识和巩固知识。在状态不好的情况下，为了给老师和家长交差，或为了心安理得，强迫自己坐在书桌前"硬学"，这是一件多么痛苦和烦人的事啊！

妈妈要尽最大限度保护东东的学习热情和兴趣，引导他发现学习的乐趣，鼓励他从学习中发现自己的兴奋点和充实感，同时，将学习变成一件很享受的事情。

东东在家学习的时候会有一个"茶歇时间"，妈妈会让他在学习间歇到客厅休息一会儿，喝点水，吃点水果，或者是她把切好的水果、点心和饮品送到书房来，对东东说，"请享用你的'茶歇时间'吧！"

每当此时，东东都会觉得学习的确是一件很幸福的事，学习的时候能有这样的待遇，很享受啊！

妈妈还会说："玩的时候就投入地玩，学习的时候就认认真真学。"每次周末更会主动和东东提议："周末就不要学了！好好放松一下，咱们全心全意地去玩吧！"

东东也会兴高采烈地采纳妈妈的建议，把学习的事暂且放在一边，投入地打打游戏，或者和同学约好到外边去好好疯玩一天。

写给妈妈们：

很多家长容易把自己的焦虑情绪转移到孩子身上，看到孩子开心地玩，或者不看书、不学习，就会没好气地说："还不赶紧去学习！"于是，火急火燎地监督孩子回到书桌旁，直到看见他们拿起书本，才安下心来。

其实，没有效率的学习是毫无意义的。该玩的时候玩，该学习的时候就投入地学。生活本就应该丰富多彩，让孩子自己掌握最佳学习时间，才会进入最佳的学习状态。只有心甘情愿遨游在知识的海洋里，他们才会学得进去，才会认为这是一种享受，这与"硬学"的效果是截然不同的。

保护孩子的学习兴趣和热情，鼓励他们投入地学习，并培养终身学习的理念，学以致用，这些才是最重要的。

可以把学习这件事搞得安逸舒适些，泡上一杯奶茶，将屋子收拾得干干净净，让孩子在安静温馨的环境里学习看书；旁边备上一盘点心，放点轻音乐，营造一些愉悦的气氛，这才是幸福的学习时光，这样的学习才是美好的。

去书店好好消遣一下

暑假的一天，适逢休息日，爸爸妈妈都在家。

妈妈问东东，"你今天有什么安排吗？想去哪里玩啊？"

东东想了想，说："好像也没有特别想去的地方。"

"那我提一个建议如何？"

"好啊！说给我听听。"

妈妈说，"我提议咱们一家去书店怎么样？那里的书好多啊！比家里的多多了。而且，说不定又有什么好看的新书出来了呢！"

东东高兴地附和，"好啊！"

爸爸也说，"好像有一段时间没去书店了，还真想去看看呢！"

就这样，一家人达成共识，兴高采烈地直奔书店。

其实，有很多节假日，东东一家都会选择在书店度过，书店成了他们的亲子乐园。

看着图书大厦里林林总总的图书，妈妈总是感叹怎么会有这么多的书供大家阅读，也觉得自己看的书太少。

书店里的人并不多，一家三口进了书店后，便在彼此能看到的不远处分开看书。毕竟，三个人喜欢的书是不一样的，每人都会挑自己最感兴趣的图书。

好书很多，喜欢的书也不少，当然不能都买下。在妈妈看来，印刷精美的书价格还是有些贵，所以每人都会选出好几本喜欢的书，找个地方坐下来，精挑细选，一本一本翻看，不知不觉半天的时间就过去了。最后，每人都会发现，总有那么一两本属于百看不厌、特别想拥有的书。于是，大家商定每人可以买一到两本自己最喜欢的书，回家慢慢看。

这时，东东会在自己中意的四五本书里，再反复权衡和仔细品读，把暂且不能买的书恋恋不舍地放回原处，拿着确定要买下的那本书高高兴兴走向收款台结账。

不知是妈妈的有意栽培还是天性使然，东东从小就对玩具兴趣不大，却对图书情有独钟。其中一个重要原因可能是图书陪伴他一路成长。先是卡片，然后是大字书，再后面是连环画……直至看到四大名著。尽管电子阅读渐成主流，但母子俩依然喜欢纸质图书。家里原本已有很多藏书，但东东每个月还要用自己的零花钱买上两到三本新书。

逐渐长大的东东，常常觉得周末最奢侈、最享受的事情就是捧着一本书，吃着零食，安安静静地品味书中的世界，那是他人生的至大享受。

天气好的时候，一家人就投入到大自然的怀抱游山玩水；天气欠佳的时候，每人都会蜷缩在一个不被打扰的角落，捧着一本书，体会阅读带来的快感。

写给妈妈们：

我去过很多人家，包括亲戚家，吃惊地发现有些家庭里竟然没有书。没有书房是可以理解的，这和住房条件有关，但没有书，在我看来就像没有床、没有厨房一样，怎么睡觉，怎么做饭呢？没有书，怎么消遣时间呢？

东东所在的北京四中有一位语文老师说得更极端："书可以不看，但一个家里不能没有书，因为它可以培养一个孩子的书卷气，这种气质会让人备受尊重，会让人一生受益。"

对此，我十分赞同。所以，各位望子成龙、望女成凤的家长，培养孩子爱看书吧！我们必须身体力行。和很多国家相比，我国人均年读书量差得很远，特别是当下，有太多的娱乐方式可供选择，这个充斥着视频和读图的时代把人们搞得很懒惰、很浮躁。其实，那些东西和看书真的不一样。

丢、丢、丢……怎么能不丢呢

"丢呀丢呀丢手绢,轻轻地放在小朋友的后面,大家不要告诉她,快点快点抓住她,快点快点抓住她。"

东东嘴里一面哼唱着这首经典儿歌,一面往学校走。快到学校门口了,他突然站住,看着妈妈。

妈妈问,"怎么了?"

东东说,"忘戴红领巾了。"

"忘在家里了吗?"

"没有。好像又丢了……"

妈妈无奈道:"丢!丢!丢……你这不是丢手绢,而是名副其实地丢啊!"

是啊,自从上学后,东东不知丢了多少条红领巾,更不知丢了多少支笔和橡皮。这也是最让妈妈头痛的一件事。

学校近在眼前,没戴红领巾学生是不敢进校门的,否则要被值周生罚班级分数的。

妈妈说，"那你昨天晚上怎么不和妈妈说呢？"

东东说，"忘记和妈妈说了。"

"那怎么办？"

"我也不知道，反正不能进校门，会被批评的。"

妈妈看了看四周，旁边正好有一个老奶奶推着小车在卖红领巾，只好无奈道："好吧，那今天我们再买一条吧！"

东东把新买来的红领巾戴上，一个人高高兴兴地往校门走去。妈妈拉住他，认真嘱咐道："这回真的不能再丢了。"

东东点头。

妈妈站在原地，看着儿子远去的身影，一声叹息，自言自语道，"怎么办呢？总是丢东西啊！"

……

不知不觉，东东长大了，已经是小学高年级学生了。那个"丢丢丢"的毛病是不是改了呢？

这天，东东有点着急地和妈妈说，"看见我的学生证了吗？"

"没有啊！"

妈妈确实没看见，另外，她觉得东东长大了，不能再像小时候那么包容他了，应该锻炼他管理好自己物品的能力和责任心。所以，遇到他再丢东西，妈妈心里也急，却也不积极帮助他了，希望他能更多地吸取教训。

找不到学生证，因此也无法享受北京公交车两折的优惠。如果到学校去补办，又怕被老师批评，孩子们心里对老师还是有所忌惮的。

东东有些着急，不好意思地说："老妈，你能再帮我一次吗？"

妈妈想了想，说，"好吧！"

她开始翻箱倒柜，最后发现学生证就在东东周末穿过的一条裤子的裤兜里。看来是在换衣服的时候，忘记拿出来了。妈妈把学生证放在东东的书桌上，顺带还写了一张字条放在上面。

东东放学后，妈妈并没有和他说学生证的事，是他自己先看见了学生证，高兴地收了起来，然后发现旁边还放着一张字条，便随口念了起来："亲爱的小主，再也不要把我忘在你的裤兜里了，好郁闷啊！"

东东拿起笔，在纸条下边回道：好的，放心吧！小主我以后会好好照看你的。

写给妈妈们：

沟通无处不在，培养和教育孩子的过程就是一个沟通的过程。

指出孩子的错误和不足，更是一种需要技巧的沟通，这种沟通在孩子的成长中尤为重要。

面对孩子成长中的不足，很多家长很容易走向两个极端：一种是极其护短。太爱孩子，所以对他们的一切过错都采取得过且过原则，这就等于纵容了孩子的坏习惯，长此以往，一些恶习就会跟随他们一生。另有一些家长，对孩子的错误和问题采取零容忍的态度，苛责的方式也极其简单粗暴。这样做的结果也可能适得其反。

纠正孩子的错误最好采取"润物细无声"的方式，给孩子自省的机会，帮他们建立自觉良好的生活习惯。最不可取的就是那种伤害孩子自尊的沟通方式，这样会让孩子变成一个缺乏自尊自信的人。批评孩子的时候，切勿牺牲孩子的尊严，否则不如不沟通，保持缄默。

"马虎"是一幅要命的画

四十多个胖瘦不等的成年人坐在小凳子上,真的很不舒服啊!是不是还有点搞笑?这就是小学生家长会的现场。

东东的妈妈也坐在其中,正在听班主任老师介绍该学期孩子们的种种表现。

老师说,大部分孩子的考试成绩还是可以的,但答题错误率仍旧很高,不是他们不会,而是马虎。马虎,是全班四十多个孩子的通病,也是全校孩子的通病。

马虎,马虎……妈妈脑海里反复浮现着这两个字。她觉得老师说得很对,东东一直都有马虎的毛病。每次考完试,他总能发现不该错的地方弄错了,不该丢的分却丢了。问他原因,说是没有好好审题,或是看错题了,抑或是当时没有想清楚就盲目动笔了。

总之,就是马虎。

回到家里,妈妈并没有直接批评和教育东东,而是和他随意地聊天,说了说家长会的情况。

然后，妈妈说，"我们讲一个故事吧！"

东东说，"好啊！"

妈妈打开话匣子："宋代，京城有个画家，作画时总是随心所欲，人们总搞不清他画的究竟是什么。一次，他刚画好一个虎头，碰上有人来请他画马，他就随手在虎头后画上马的身子。来人问他画的是马还是虎，他答：马马虎虎！来人当然没有要这幅画，他便将画挂在厅堂上。大儿子见了，问他画的是什么，他说是虎；过一会儿，小儿子回来了，问他这是什么，他说是马……"

讲到这里，东东听得哈哈大笑，说："这个画家太有'才'了，简直能逗死人。"

妈妈接着讲下去："不久，大儿子外出打猎时，把人家的马当老虎射死了，画家不得不给马主人赔钱；他的小儿子外出碰上老虎，却以为是马，想去骑，结果被老虎活活咬死了。

"画家悲痛万分，把画烧了，还写了一首诗自责：马虎图，马虎图，似马又似虎，长子依图射死马，次子依图喂了虎。草堂焚毁马虎图，奉劝诸君莫学吾。"

听完整个故事，东东不再大笑了，有点生气地说，"这个马虎蛋，把自己儿子都害死了，真是的！"

妈妈说，"是挺可怜的，也挺可悲的。但这个画家的这种马虎毛病也不是一下子形成的。据说，在他上小学的时候就是这样，总是马马虎虎，然后慢慢地就形成了这个习惯。长大后，画画的时候自然也改不了，结果把一家子都害了。"

东东想了想，自言自语道："是吗？"

妈妈接着说，"听老师说，你们班上这样的马虎蛋也很多。"

东东点头道："好像是有的。"

妈妈提议："你看这样可以吗？你先做个榜样，以后在答题考试的时候，先不着急，记住这五个字——定、静、思，再行。"她进一步解释："定，就是让自己停一停，不着急动笔；静，就是平复一下自己的心情，安安静静地开始答题；思，就是思考一下，在脑子里过一遍；再行，就是这时再拿起笔开始作答。看看这样做以后，能不能改正马虎的毛病。如果改了，你可以把这个经验分享给其他同学，因为老师和家长们都为这个马虎病发愁呢！"

东东像个英雄似的大义凛然道："好的，我一定要试试。"

写给妈妈们：

"定、静、思，再行"同样适合管理妈妈们的情绪。

不管孩子把你气到何种程度，不管怒火如何炙热，只要遵循"定、静、思，再行"的原则，就可以忍住一切。该原则不仅适用于孩子们改正马虎的习惯，也应成为家长管教孩子的行为准则。

培养孩子的过程中，需要充满正能量的管教方式。要避免暴风骤雨式的批评，而要"润物细无声"地将问题解决掉，这正是教育的微妙之处。

有一位妈妈和我描述过这样一件事。某个公共场合，她的小孩因为说话不得体冒犯了一位客人。她立刻火冒三丈，中国不是有句古话叫"当面教子"吗？她觉得唯有这样才对得起那位客人。结果场面失控，反弄得客人更加尴尬。

其实，这种情况下，如果遵循"定、静、思，再行"的步骤，那位母亲就能先巧妙地化解尴尬，再想办法善后，效果必定会更好。

教子的关键是教孩子怎么做人，他们只有深谙其中道理，才会自愿承认错误，承担责任，在成长中变得成熟。

"谢谢",要用心说

这天奶奶家好热闹。东东和爸妈,还有姑姑一家人都聚齐了。

东东有些好奇,问妈妈,"今天是什么特殊的日子吗?"

妈妈笑道:"你真的忘了吗?今天是你的生日啊!"

东东恍然大悟,今天正是自己的生日。奶奶家这么热闹,原来大家都是来给自己过生日的。

饭菜可真丰盛,东东不只吃到了自己喜欢的可乐鸡翅,还收到了不少礼物,有他喜欢的笔筒、漂亮的笔记本、新书包等,都是东东一直想要的。他高兴地把礼物收起来,嘴里快速地说着:"谢谢!谢谢!谢谢……"

从奶奶家回来,东东就把收到的礼物随意放在房间的一个角落,然后,径自玩去了。

晚上,妈妈把东东叫到身边说,"东东,过来吃点水果吧!"

东东走过来,坐下和妈妈一起吃水果。

妈妈看着东东问道:"今天收到很多礼物,高兴吧?"

东东随意地说,"还行吧!"

妈妈又看了看东东说:"每一个人给你准备的礼物都很用心呢!这不仅要花掉他们的钱,选礼物和购买礼物也是需要时间的!"

东东看看妈妈,点了点头,没说什么。

"我听到你和每个人都说了'谢谢',这表明你是一个懂得礼貌的孩子。"

东东说,"我当然是一个懂礼貌的人了。"

"可是……我觉得这样还是不够啊!"妈妈终于说出来。

东东不解地看着妈妈,有些疑惑。

"我们应该带着感激和感恩的心,去接受别人的礼物。"

东东有点不服气地说:"我说'谢谢'了啊!"

妈妈进一步解释道:"'谢谢'一定要发自内心地说,你用嘴说和用心说是不一样的,别人是能感觉出来的。"

东东沉不住气了,反驳道:"妈妈怎么知道我没有用心说呢?"

"你说'谢谢'的时候,并没有看着对方的眼睛,所以我猜你只是在例行公事地应付对方。"妈妈一针见血道。

东东有些无语了。

妈妈接着说,"'谢谢'二字不是客套话,而是发自内心的真情流露,要让对方真正感受到你的感谢。"

东东点点头,轻声道,"好吧!我知道了。"

从此,只要东东得到来自任何一方亲朋好友送来的礼物和关爱时,妈妈都会告诉他,没有人是"应该的",也没有人是"欠你的",不要把别人的付出和爱看成"理所当然"。别人送来的礼物也是经过他们辛苦工作能挣来的,给你的关爱也是他们付出时间和情感的投入,没有人是必须这么做的。所以,一旦得到来自别人的"爱"和"祝福",要真的很在意,并铭记于心,要真诚地看着对方的眼睛,发自内心地说出"谢谢"二字。

东东领悟了:"我知道了,'谢谢'要用心说,而不是用嘴说。"

写给妈妈们：

　　一个懂得感恩的人才会得到别人的帮助；一个懂得感恩的人才会得到别人的尊重；一个懂得感恩的人才算得上是人格完善的人；一个懂得感恩的人才会生活幸福。

　　感恩不仅是温暖别人，更是成就自己。因此，家长要注重孩子这方面的修养，努力把他们培养成有爱心、情感真挚、体谅别人、懂得感恩的人。

　　不要以为自私自利、自以为是、贪得无厌的人是天生的，很多习惯和品行都是后天习得的。现实生活中，那些永远不会感恩的人，总认为别人为自己的付出都是应该的，他是不会得到别人长久的帮助的，更不会得到人们的祝福。所以，从点滴之处培养孩子感恩的美德，是为了他们一生的幸福。因为每个人的感恩之心，使温暖行动得以延续，这个世界也由此进入良性的温暖互动中。

今天有点不开心

一晃,东东已经是五年级的小学生了。

这天,东东放学回到家,精神有点萎靡。

妈妈看出东东不开心,便把书包接过来,问,"累了吧?"

东东不说话,情绪沮丧地"嗯嗯"了两声。

妈妈笑着说,"先过来吃点水果,喝点水吧!我们也好一起谈谈,你一定是有什么事吧?"

东东说,"是的,今天是有点不开心。"

原来,东东内心一直希望能被评上"三好生",这次期末考试成绩也不错,他也抱了很大的希望,结果又一次落选了。

妈妈开始询问这件事:"全班评上了几个啊?"

东东说,"七名呢!"

"全班四十多个学生,只选七个,没有被选上也很正常啊!"

"可我的成绩是班级前三啊!"

妈妈进而分析道:"也是啊!'三好学生'首先是学习好,按照这条你没有问题。但没有被选上又是为什么呢?"

东东纠结道:"是啊,这就是我不开心的地方。我不明白同学们为什么不认可我,不选我。"

"是不是因为你另外两方面表现得不够好?"

东东说,"我不这么觉得。"

妈妈一时不知如何安慰东东,只好说,"这件事你们班主任知道吗?"

"班主任老师有事没来学校,同学们自己选的。"

妈妈建议说,"你如果愿意,可以和老师谈谈,看看老师怎么说?"

"和老师说这事,好吗?"

妈妈说,"如果你心里有想不明白的地方,是可以和老师说的,也许老师会更客观。"

东东点头道,"好吧,那我给老师发个短信。"

原来,在全班同学投票选举"三好生"的时候,班主任因病没有到场。

收到东东的短信后,老师很快就给他回复了:孩子,"三好生"的选举是充满变数的。老师念书时,关键的一次评选也落选了,而且距离当选票数还有很大距离,为此好长时间没有精神,但后来还是想通了,如果一直这么萎靡不振,我将与失败永远做伴了。所以,我决定振作起来,后来在初中我获评市级"三好生"。而且,现在的我比那些当时评上"三好生"的同学还要更胜一筹。孩子,如果让我决定"三好生"的名额,你会是不二人选!别郁闷,像今天这样跟老师说说心里话,多好!如果还有想不通之处再联系我。

看到班主任的回复,东东脸上重新焕发出了热情和喜悦。

妈妈偷偷地观察东东,心想:老师的安慰和鼓励起作用了。对于孩子来说,有些事和老师沟通比和家长沟通更有效;老师的安慰和鼓励可能比家长的更有激励作用。

吃晚饭时,东东似乎已把这件不快的事给忘了,又恢复了往日的活泼。

临睡前，妈妈和东东谈了谈心，帮他分析了一下落选的主要原因。

妈妈说，"当不当'三好生'不是最重要的，重要的是看看大家对你还有哪些不认同的地方。如果同学们的观点是对的，咱们就改正；如果同学们误解了你，可以通过自己的努力慢慢改变他们的看法。"

东东同意妈妈的说法，并认真分析了自身的不足，比如，个性张扬，又不是很随和，对很多事情的态度过于旗帜鲜明，认真执着，这可能和大家心目中的"好人"形象有一定差距；还有，就是不太喜欢运动，在很多集体活动中表现得不够积极活跃。

妈妈说，"好吧，自己衡量一下，看哪些不足是需要改进的。不一定要做让大家都满意的人，但一定要做一个让自己满意的人！"

东东想了想，认真地点点头，说，"我相信自己！下次争取当上'三好生'。"

妈妈和东东同时做出了OK的手势。

写给妈妈们：

  人生就是这样，孩子的人生也不例外。没有人会一帆风顺，不经历任何风吹雨打。从这个角度来说，孩子受到的委屈和挫折对他们的人生显得更有意义。每次捶打都会使之成长，那么，做家长的就不要担心孩子经历挫折了。

  成长之路无人可以替代，不管多难多苦，今天的挫折都会成为明天的财富。所以，面对遭受打击的孩子，家长务必首先释怀，保持平和的心态，令其在我们创造的平和环境中慢慢平静下来，只有这样方能使之茁壮成长。

  还有，当孩子遇到挫折时，要让他们懂得，首先要从自身找问题，寻找症结，只有不断地自我反省，才能最终顺利解决问题。如果我们总是习惯寻找外因，不但不能使问题得到妥善解决，还会让我们变得越来越自怨自艾。

  引导孩子永远从积极的角度去考虑问题，始终保持正能量，如此，才能把坏事变成好事，把消极的东西变成积极的因素，孩子也将成为人生的赢家。

你要是他，会怎么样呢

妈妈站在学校门口等着东东放学。她从远处看到儿子背着书包往外走，旁边还跟着一个同学，两人边走边说话。突然，两个人面对面站住了，似乎开始争论着什么。妈妈好奇又紧张地注视着他们。

过一会儿，东东出来了，已经和那个同学分开了。东东看见妈妈，便走过来。

妈妈问，"刚才见你和一个同学好像在说什么。"

"是的，和我们班的一个同学在讨论一件事，我们意见不一样，就争论起来了。"

妈妈有点吃惊道："你们不是在吵架吧？"

"是他没有道理啊！"

随后，东东和妈妈还原了事情的经过。

原来，东东和那个同学分别是班级两个学习小组的组长，两个小组都想在相同的时间用相同场地讨论问题。那个同学说，是他们组先说的，所以他们要先用。东东表示自己小组有一个同学有事要先走，希望能够优先使用。结果就产生了矛盾。东东认为自己的理由过硬，因而愤愤不平。

妈妈耐心地听完，只问了一句："如果你是那个同学，你会怎么想？怎么做？"

东东说，"我是个很大度的人，当然会让着他。"

"可是，这件事涉及各自的团队利益啊！"

东东看了看妈妈，没有再说话，若有所思地跟着妈妈往家走。快到家门口的时候，东东突然说，"刚才那个问题，我想了想，觉得站在他的角度和立场，好像也有些道理。"

妈妈微笑着点头。

东东决定和那个同学和解。第二天，他主动和那个同学讲和，表示既然是对方先说的，那就由对方小组先用好了。没有想到，那个同学也表示十分理解，"你们有特殊情况，那你们就先用吧！"

两个孩子将心比心，站在对方的角度和立场重新审视矛盾，最终化解了分歧。

这件事过后，东东有点佩服妈妈，不无赞赏道："妈妈，你好像很神奇啊，总是能猜对很多事情。"

"不是妈妈神奇,是因为妈妈经历了很多事情,知道每个人的立场都是有道理的。很多事没有对错之分,只是出发点和所持的立场不同而已。"妈妈坦言道。

此后,东东似乎真的学会了换位思考和360°思维方式,对很多人和事都更加包容了。

写给妈妈们:

没有什么比人心更硬了,说的就是"固执"二字。

固执就像一块岩石,坚不可摧。我说的不是孩子,而是作为成年人的家长。学会包容,不只是对孩子的要求,更是家长需要以身作则的。对于孩子来说,有一条最重要的金科玉律:父母就是镜子,他们会有样学样。还有一句老话说得好,人越老越像自己的父母,不只长相,包括为人处世的原则和习惯。想要孩子不固执、不偏激,家长首先就要学会宽和待人。

还有一点家长们要清楚:一个人具有包容的品质,不只身边人会受益,最大的赢家其实是他本人,因为包容了世界,包容了亲人,包容了朋友,甚至包容了"敌人",就会使我们的内心没有仇恨和隔膜,会让自己身心轻松、平和自然、幸福快乐。

"赤子"是光着身子吗

如果妈妈不和东东说话了,东东就会问,"我们还是好朋友吗?"

如果东东不理会妈妈了,妈妈也会问,"我们还是好朋友吗?"

好朋友会无所不谈,更会互相帮助,比如给对方分忧解难、答疑解惑什么的。别以为小孩子无忧无虑,只要身在集体,总会受困于各种各样的人际关系、日常琐事。

东东常会和妈妈说,老师今天又说了什么,自己不知该怎么去理解;和同学又怎么了,不知自己该如何去应对,等等。每当此时,妈妈就和他一起分析,为他出谋划策。妈妈笑称自己是东东的"狗头军师"。

后来,妈妈发现自己给东东出的主意也不一定都对,有时受限于成年人的思维,往往把孩子原本简单的世界搞得复杂起来,结果事与愿违。这不,东东一放学回家就和妈妈说,"那事根本不像你想的那样。"

原来,前天晚上,东东放学回家就和妈妈说,自己和另一个同学发生了点误会,该同学好像和老师告了自己的状,他担心老师会批评自己,于是向妈妈讨教,"该怎么办?"

妈妈就给东东出主意,"那你明天主动和老师解释一下情况。"

东东到校后,主动和老师说起与那个同学发生误会的事,结果老师听得一头雾水,根本不知怎么回事。原来,那个同学并没和老师告状。

于是,东东就怪妈妈出了馊主意,差点害了自己。

听后,妈妈诚恳地和东东说,"看来妈妈真的不应该参与你与同学之间的事,以后你的很多事妈妈也不管了,或者不能管得太多了。"

东东以为妈妈生气了,便问,"那你不会一点都不管了吧?"

妈妈想了想,笑着说,"那我给你一个'秘密武器'吧!以后不管遇到什么样的问题,你都用这个'秘密武器'来应对,一定能行。"

东东有点兴奋和好奇,央求妈妈即刻交底。

妈妈故作神秘道:"以后即使遇到天大的事,也请东东袒露赤子之心吧!所以,这个'秘密武器'就是'赤子之心'。"

东东不解,进而吃惊道:"难道要光着身子把心脏的位置露出来才能解决问题?"

妈妈被逗得笑弯了腰，东东也跟着笑了起来，两人笑作一团。

过后，妈妈给东东解释了何为"赤子之心"，最后说，"那请东东以后保有赤子之心，原原本本地做人，心无旁骛地做事吧！"

从此，东东真的这么做了，遇事再不纠结，也不再浪费时间和精力去考虑怎么做才是最好的。他心无杂念地去当班长，去爱自己的老师，去和同学相处，去学习，去说话，去处理各种事情，从而获得大部分老师的欣赏、同学的支持和肯定，他也更加自信，最终当上了"三好生"。

写给妈妈们：

"赤子"最早是老子所用的比喻。《道德经》第五十五章中，老子写道："含德之厚，比于赤子。毒虫不螫，猛兽不据，攫鸟不搏。骨弱筋柔而握固。未知牝牡之合而朘作，精之至也。终日号而不嗄，和之至也。"意思是说：道德修养深厚的人就像"赤子"一样，毒虫不螫他，猛兽不伤害他，鹰隼不搏击他。所谓"赤子之心"，就是要保有一颗率直、纯真、善良、热爱生命、富有想象、生命力旺盛的心。

常怀"赤子之心"方能成为真正伟大的人。伟人的胸怀必定是宽广的，不斤斤计较一己之利，始终保全自然无伪的本色。

其中关键之处就是两点：一是纯真，二是大度。归结起来说，真正的伟人绝不会小肚鸡肠，患得患失，反而是能够保持一份童心，有时看，就像是一个童心未泯之人。

"赤子之心、人之本初"，该是人生追求的最高境界，它也必将成就孩子的美好未来和幸福人生。

拉钩上吊，后果自负

小学开学没几天，就已经有家庭作业了。

东东写完作业拿给妈妈，说："老师让家长在作业本上签个字呢！"

妈妈有点吃惊地问："真的吗？为什么要妈妈签字？"

"不知道，反正老师是这么说的。"

"我不给你签字，我相信你，你把作业直接拿给老师就好了。"

东东有点着急，担心这样做会不符合老师的要求。

果真，因为作业上没有妈妈的签字，老师批评了东东。

第二天，东东做完作业后，再次恳请妈妈签字，为了不让孩子继续挨批，妈妈签上了自己的名字，同时也明白了老师的意思。原来，老师认为孩子们还小，担心他们不做作业，或者做错了，希望家长给予监督。

对于这件事，妈妈有自己的想法。为了从小锻炼儿子独立学习的习惯，她和东东做了一个约定。

妈妈和东东商量道："学习这件事是你自己的事，你要养成独立完成它的习惯。因为，我们各有各的任务，妈妈上班挣钱养家，东东上学学习，我们都要做好自己的事。"

东东觉得妈妈说得有道理，就同意了。

从此，妈妈只是为了应付老师的检查才给东东的作业签字，但从不替他检查，更不会陪着他写作业、温习功课。偶尔，东东写作业或看书的时候，妈妈也会坐在他旁边认真地看书。这时，既不是东东陪妈妈，也不是妈妈陪东东，他们只是很享受一起学习看书的氛围。

当然，东东也是一个好玩的小孩，有时为了有更多玩耍的时间，他会马马虎虎地对付一次作业，或是"草草收兵"赶去玩耍。其实，对此妈妈都是心知肚明的。每当这时，妈妈会提醒东东："作业能不能完成，做得好不好，你要想到后果啊！如果那个后果是你不想要的，你就要对自己负责。"东东很怕被老师批评，所以再不敢怠慢作业。

有一段时间，东东经常做错题，妈妈只好改变不检查就签字的习惯，而是认真替东东做检查。她发现这些题并非是东东不会，而是马虎的老毛病又犯了。

妈妈把东东叫了过来，说："如果你的作业每次都要我这样检查，会占用我太多时间，而且你也不是不会，只是马虎。"

东东不说话了。

妈妈继而说："你看这样可不可以，我们做一个约定，从此，你认认真真地做作业，如果有不明白的地方可以问妈妈，但不要因为马虎把原本会做的题做错了。如果你做到了，每天可以多玩十分钟电脑。"

东东想了想表示，"好吧！"

"为了今天的约定，我们搞一个仪式吧！"说着，妈妈把自己的小拇指弯了起来，东东也把自己的小拇指弯了起来，两个小拇指拉在一起，两人齐声说："拉钩上吊，不许变！"

这条约定在东东此后的成长学习过程中延续了下来。东东也因此学会了自我管理，养成了独立学习的习惯。他的头脑中始终牢记：学习是为自己，不是为父母。

是的，父母不需要对你的学习负责，你却要对自己负责。

写给妈妈们：

很多家长都有陪着孩子写作业的经历，并且每天认真地检查作业。这样做有的是学校要求的，也有的是家长不放心孩子主动为之的。

如果一个孩子习惯自己独立完成一件事，当有家长陪着的时候，他们就会不习惯，觉得束手束脚的。同样，总是有家长陪着自己，还能时不时成为自己的"小拐棍"，孩子就很容易习惯这样的陪伴和辅助，进而产生依赖心理。任何习惯都是这样养成的。

很多家长会说，如果不看着点，他就会发呆走神，或者干脆开玩。这里想和家长说的是：不要怕！先放手一段时间，孩子会自己调整过来。试想，如果你每天给孩子检查作业，无形中，他们就会产生一种依赖，索性马马虎虎把作业写完，反正后边还有家长给自己把关。可是，家长总不能陪伴孩子一辈子吧？所以，培养孩子独立完成学习任务的习惯至关重要。这个习惯如果在小学阶段养成了，那么，到了初中和高中阶段，家长们就会非常省心。切记，一定要在孩子年幼的时候狠下心来。当然，这期间家长还要培养孩子自律、自尊的性格，最终让他们对自己的行为负起责任来。

不"欠账"，也不用跑得太远

周末，东东有些无聊，妈妈就说，"你可以去找同学踢踢球、逛逛街，玩耍一下啊！"

东东说，"大部分同学都在上课外辅导班呢！找不到人。"

妈妈有点吃惊地问："他们都上什么辅导班？"

"好像是奥数班、作文班，还有英语方面的辅导班。"

妈妈有点不明白，"这些课，学校不都有吗？难道老师教得不好？"

东东说，"我也不明白，反正他们就是一直在上这类班。"

"那你也想去吗？"

东东赶紧说，"我可不想去上啊！"

妈妈说："你放心，只要学校的课你都跟得上，我就不会让你去上课外班的。"

东东笑了："妈妈，放心吧！"

是的，只要能把学校老师教的知识都掌握了，也就可以了。这就是妈妈对东东在学习方面的要求。外加一点非常严格的要求，就是知识必须学得扎扎实实，来不得半点马虎。东东的学习作风因此特别踏实，每次考试，他的成绩都非常稳定，老师对他的评价总是——基础扎实。

由于不用参加各种课外辅导班，东东的周末生活过得也很随意、轻松、愉快。

有时，爸爸看见或者听说同事的孩子都在学习什么，就会有点着急地和妈妈商量："我们是不是也应该给东东报一些课外班啊？"

对此，妈妈的态度始终如一：每个孩子的学习之路都要走过小学六年、初中三年、高中三年。有的孩子后边还会有大学四年、硕士三年、博士三年……学习几乎贯穿了人生的二十来年，抑或是终生事业。因此，学习就是一个按部就班的事，还是循序渐进、不急不躁、不慌不忙的好。慢慢往自己的大脑里输入知识，慢慢体会知识的乐趣，慢慢充实自己，自然水到渠成了。妈妈还会说，"我们既然把孩子送到学校，学校有那么多老师，人家都是专业的，我们应该相信学校、相信老师。让东东跟着学校的教学安排走，跟着老师的课堂走，把课本的知识和教学大纲要求的内容完全吸收消化就可以了。"

虽然没有听从爸爸的建议给东东报课外班，妈妈还是认真地和东东谈了谈。

妈妈问："老师课堂上讲的内容，你都能听明白吗？"

东东说，"偶尔也会有不太明白的地方。"

妈妈有点紧张地问："是吗？那怎么办呢？"

"下课的时候会去问老师。"

妈妈放心了："东东做得很好呢，那就对了。老师一定喜欢爱问问题的学生。"

就这样，东东每天在学校好好听讲，课后好好消化和巩固知识，从不积攒疑点。用妈妈的话说，疑点如果不及时化解，时间长了就会堆积起来，最后形成一笔"欠账"。而"欠账"太多，不及时还上，就会累积成山，最后债台高筑，无法负荷。

不欠账，但也不用跑得太远。妈妈把有些孩子参加课外辅导班的事比喻成"跑得太远"。跑得太远就会和老师的讲课进度脱节，就得停下来等，孩子就体会不到在课堂上学习新知的乐趣了。

因为东东学习扎实，老师们总是让妈妈在家长会上分享育儿经验。妈妈说，"我对东东的要求就是把每天学习的知识全部消化掉，不许欠账就好了。我从来没要求孩子去参加各种课外辅导班，脚踏实地跟着学校老师的课堂进度走，不用往前跑得太远。"

写给妈妈们：

学习一事，对孩子们来说其实很简单，学习之路行走起来也没有那么难，每天把该完成的任务完成好，按部就班就可以了。整个学习过程有点像跑马拉松，选手按照自己的速度一个目标一个目标地跑下去，最终便会到达终点，拿到自己的最佳成绩。

很多家长一看到孩子的学习成绩不理想，就会着急，忙不迭地给孩子买来大量的复习资料、参考书，报名各种课外辅导班。这些额外的"量"会增加孩子的马拉松路程，耗去他们过多的精力和时间。

其实，课堂上老师讲授的知识、课本上呈现的内容才是最核心的，那才是孩子们在不同阶段应该学习的干货。让孩子把干货吃透了，就等于把基础打牢靠了；地基打好了，还愁未来建不出高楼大厦吗？同理，地基打不牢，即便平房矮屋也会倒塌。

去坐地铁和公交玩

"这个周六日怎么安排啊？"妈妈问东东。

每到周末，父母都会和东东商讨怎么度过，这是东东最高兴的两天，爸爸妈妈也很重视。

东东很认真地思忖，妈妈则笑着说："不会又要去坐地铁，探究地铁的秘密吧？"

原来，东东这段时间迷上了一件在妈妈看来很无聊的事。不知为什么，他突然迷上了北京的地铁，而且和爸爸商量着，要到最早建设的地铁一号线已经废弃的始发站去看个究竟。爸爸好像也因此回到童年时代，两个"小朋友"兴高采烈又神秘兮兮地出去了。

回来后，东东兴奋地和妈妈说："收获很大啊！了解了很多特殊的情况。"

妈妈心想，看个地铁路线会有什么收获？还能有什么特殊情况？但看到儿子满足的样子，妈妈也很开心。

因此，妈妈才会问，这个星期是不是接着去探究地铁的秘密。

东东胸有成竹道:"这个周末不去坐地铁了,接着坐公交吧!"

"妈啊!"这是妈妈发出的声音。她最怕东东提出这个要求,之前说好了由爸爸陪着他去坐地铁,由妈妈陪着坐公交,这可是一家人商量好的分工。

先说说,坐公交是怎么回事吧!

东东喜欢坐公交车,没有任何目的,就是单纯地喜欢。而且他的计划很宏伟,就是要从北京的最东头坐到最西头,从最南边坐到最北边,从西南坐到东北,从东南坐到西北,反正就是要把北京最长的几条公交线路都体验个遍,看看沿途都经历了什么地方,用时多少,终点站是什么样子,始发站什么样子,全程一共多少站等等。

这种在家长看来毫无意义的事,对东东却很重要,一到周末妈妈就得陪着他去神游。

妈妈还是很守信用的,虽然不愿意,但既然答应孩子,就得履行承诺。所以,尽管心里不情愿,嘴上还是说,"好啊!"

第二天一早,东东和妈妈就去乘坐9字头的公交车,往北京门头沟进发了。

一路颠颠簸簸,不知走了多少站,乘客们陆续下车,东东和妈妈坐到了最后一站。下车时,他们发现已到山里,映入眼帘的是一个已经废弃的煤矿。等待返程车的空当,东东和妈妈在原地考察当地的地形地貌。妈妈感慨着,这门头沟的地势还真是险要;东东则兴奋地看着周围的一草一木,既好奇又开心。

一刻钟后,返程的公交进站了,东东和妈妈赶紧上了车。车上还是来时的乘务员,看着妈妈和东东,好奇又吃惊地问:"你们是来干什么的?"妈妈说:"没事,就是来看看。"每天都要跑这条线路的乘务员不解地说:"这有什么好看的啊?"妈妈只是笑着看东东。

其实,还真有些看点。就说沿途的峭壁吧,像是被斧子削了一般,断面直上直下的,看着挺吓人。进山之后,沿途的景色也很不错,特别是线路两头,逐渐进入人迹罕至的郊区,能明显感觉到少了城里的喧闹,多了一份难得的清净,心情也跟着转换了一下。

围巾控吗？
哈哈！

想到这儿，妈妈和东东说，"我还真的要谢谢你呢！如果不是陪着你，我这辈子都不会坐公交车出入这样的地方，有这样的体验。"

由于长期坚持的结果，东东对北京公交各条线路的站名了如指掌，连去往各地的换乘方式也烂熟于心，对北京的公交建设也有很多自己的见解。妈妈常和他开玩笑，说，"东东可以做市长的交通建设参谋啦！"

写给妈妈们：

小孩子的各种想法往往天马行空，在他们很小的时候是无法实现的。即使逐渐长大，不用父母陪护了，很多兴趣和爱好仍需要一些财力的支持，缺少家长的配合仍然难以实现。

试想，谁都任性过，只要不影响和损坏他人的利益，让自己放纵一次，也没什么不可以的。做一件事，不出于任何意义和目的，只因为想去做，于是就做了，这好像也没什么不好的。

当孩子产生这样或那样的想法时，大人们往往会因为忙碌和自以为无聊，草率拒绝陪伴孩子。然而，当孩子长大了，我们想跟着他们潇洒一下、胡闹一下时，恐怕不会再有这样的机会了，因为孩子不带我们玩了。这时，我们才会意识到，自己早已丧失和孩子一起成长、一起玩耍的机会。

放下自己，放松自己，回到孩童时代，和孩子一起去任任性吧！况且，你不知道这会成就孩子哪方面的特长。

和"凶"老师讲话，奖励汉堡包

东东突然问妈妈："你上学的时候，讨厌过哪个老师吗？"

妈妈被这问题吓了一跳，摇头道："好像没有啊！怎么了？"

东东有点生气，又有点苦恼地说，"我们班这学期有一个科任老师真的太凶了，脾气也太坏了，动不动就莫名其妙地发火，动辄大声训斥同学。我们班同学都很不愿意上她的课。"

"谁还没有情绪不好的时候呢，老师也是人啊，多理解老师吧！"妈妈并没在意这个话题。

第二天，东东又和妈妈提起那个老师的事，并说上那个老师的课感觉很紧张。

第三天，东东又说，因为不喜欢那个老师，连她的课也不想好好听了。

接下来的三天，东东放学回来都和妈妈说起那个老师的事，并说他们班同学都有些害怕上这门课了。妈妈觉得此事有点严重了。怎么办？总不能听到孩子说老师凶，就跑到学校指责老师吧！再说，具体什么情况也没有了解清楚。

妈妈心里反复惦记着此事。临睡前，她觉得有必要和东东谈谈，但又不知从何说起，索性就让孩子先睡了。

然而，妈妈却为此失眠了。首先，她还是相信老师的，但也不能忽视孩子的情绪变化。到底发生了什么事？到底要如何解决这个问题？

妈妈整夜辗转反侧。

最后，她决定还是让孩子自己去解决这个问题比较好。如果家长参与进去，势必让学校和老师觉得出了大事。另外，万一问题解决不当，还会造成更深的误会，孩子和老师的关系不就更紧张了吗？受苦的还是自己的孩子，所以一定要稳妥起见。

早晨，在送孩子上学的路上，妈妈若无其事地说，"东东，妈妈交给你一个任务，可以吗？"

"什么任务？"

"从今天开始，考察一下你的观察能力和胆量。"

"好啊！"

妈妈接着说，"我们把这个活动叫作'发现某老师的优点'计划，就是你每天发现这个老师的一个优点，争取和这个老师说一句话。放学回来，你把自己发现的优点和说话的内容告诉我。只要你能完成这个任务，我就奖励你一个汉堡包。"

妈妈一口气说完，东东想都没想，就说，"我们还是换一个老师吧，这个老师很凶的，我可不敢。"

"那不行，要想得到奖励，就必须得做有挑战和难度的事，否则也没有奖励的必要啊！"

东东想了半天，有点沮丧道："那就算了吧！汉堡包我就不吃了，这个太难了。"

妈妈继续鼓励东东："你可以试试啊！这么放弃了多可惜。万一成功了呢！"

东东沉默了一会儿，下决心似的说："好吧！那我先试试吧！"

为了吃到汉堡包，东东第一天放学回来就和妈妈积极汇报，说自己今天没话找话地问了某老师这么一句话："您累吗？"没想到老师居然笑了。东东接着说，"老师一笑，我就发现她的一个优点，就是她笑起来很好看呢！"

妈妈听后很满意，遵守承诺奖励了儿子一个汉堡包。

从那天起，东东都能发现该老师的一些优点，不知不觉一周就过去了。

东东主动和妈妈说，"我以前还真是误会了这个老师，其实她不但没有那么可怕，而且还很亲切呢！"

妈妈问："那你以前为什么觉得那个老师凶呢？"

东东说，"前一段时间，老师是因为身体不好，所以情绪也不太好。"

妈妈听后，放心地笑了。

写给妈妈们：

师生关系有多重要？要多重要就有多重要！

教学相长，说的是老师与学生之间，一个是教，一个是学，两者相互影响，相互促进。换言之，师生之间也存在合作关系，要相互信任。

孩子从上幼儿园开始就有老师，一直到十八岁，成长中的每个关键时期都有老师为他们传授知识和做人做事的道理，这也基本决定了孩子将会成为一个什么样的人。所以，遇到一个良师对孩子的成长是意义重大的。孩子若能在该时期处理好和老师的关系，将来也就能处理好社会上的其他关系。从这点来说，师生关系可以影响一个人的一生。

在孩子和你说起老师或同学的问题时，家长不要立马表态，一定要等孩子说完，然后默默想好应对的方法，再开口不迟。如果我们立马对孩子持反对态度，他们就很容易对家长产生抵触情绪，以后也不愿意和我们敞开心扉了。他们不说，我们也发现不了问题，那就太可怕了。

这时，你需要用智慧和策略，以及积极的思维方式去鼓励和引导孩子自己去解决问题。出发点一定是鼓励孩子去喜欢老师，目的一定是让孩子去尊重老师。

十八岁前，包括未来的大学四年和更高等的学习经历中，孩子的重要社会关系都将是师生关系。能不能处理好和老师的关系，基本决定了孩子走向社会的起点。不管社会如何发展和变革，尊师永远是主流文化。能够正确处理好师生关系也表明一个人具有积极的思维方式，以及解决问题的正能量，而这种能力需要从小培养。

小河水，慢慢地流

东东终于成为小学生了。开学第一天，他显得欣喜若狂。

看着东东蹦蹦跳跳进了校园，妈妈站在校门口，久久不肯离去。爸爸过来拉了她一把说："还看什么啊？"东东已经闪进教室，看不见了。

夫妻俩一起离开学校。

妈妈说，"东东上学了，走进了一个集体、一个团队，他从此是不是就算进入社会了？"

"是啊，人都要经历这样的过程。"爸爸说。

"也是，此时所有妈妈的心情可能都和我差不多吧！"

爸爸看着妈妈道，"妈妈们现在是什么样的心情啊？"

妈妈想了想说，"感觉有点心痛，有点担心，还有点无助。"

爸爸像是在安慰妈妈，亦有点好奇地问道："担心什么呢？"

"我的宝贝只有六岁，那么弱小，那么单纯。如果他受到别人欺负怎么办？遇到问题会自己解决吗？他心里如果有了委屈，又不敢和老师说，怎么办？他的心灵不会受到伤害吧？"

一连串的问题惹得爸爸哈哈大笑道，"做妈妈的真是喜欢胡思乱想啊！放心吧，这些情况都不会发生的。"

总之，这一整天，妈妈都有点心神不定。其实，作为心理咨询师，妈妈心里很清楚，家长无法代劳孩子的成长。所以，担心过后，她很快冷静下来，甚至还鼓励另一个孩子的妈妈，"孩子总有一天会长大，如果爱他，就趁早放他自己走，要允许他慢慢成长和体验挫折，这就是人生，这就是成长。"

不想让孩子受到伤害，不过出于父母的一厢情愿，人生在世，自然避免不了所谓的"伤害"。

东东是一个敏感的小孩。上学不久，就遇到不少问题，有些是连妈妈都始料未及的。比如，他总会在意别人的看法，即使对方一句否定的话，或一个不友好的眼神儿都会伤害到他。

妈妈心里有些着急，一个人如果时常被别人的态度左右，就会束手束脚，更不要说感到快乐了。妈妈决定把东东的这个特点转换成他的人生优势，而非劣势。

开导的方式就是母子俩边散步边聊天。他们总是倾心长谈，妈妈告诉东东要客观看待别人对自己的态度和行为，要有自信；同时，她也会在生活中有意锻炼儿子的抗打击能力。慢慢地，妈妈发现东东成功地甩掉了心理包袱，变得越来越快乐，越来越自信了。别人的嘲笑、别人的反对、别人的评价已不能左右他的情绪，他总能客观看待事物，成为一个自信而有主见的孩子。

所以，在和别的家长交流经验时，妈妈常说，伤害有时也不见得就是坏事，要看父母如何处理。既然伤害避无可避，作为家长，如何为孩子"善后"呢？方式有很多，万变不离其宗，遇到挫折及时沟通化解，不让孩子成长的小河出现任何"淤积"。

写给妈妈们：

　　孩子是脆弱的，但他们的伤口在童年也更容易愈合。

　　当孩子遭遇挫折后，家长不要轻视小觑，更不要置若罔闻，而要慢慢疏导，慢慢治愈他们的创伤。总之，不要让孩子成长的小河出现瘀堵。很多事业有成者，其生活并不一定幸福快乐，这大多和他们童年经历的不快或不幸有关。

　　做父母的总想给孩子留下一笔财富，只顾着辛苦打拼，却忘了陪伴。其实，给孩子一个美好的童年，等同于为他们的未来种下幸福的种子，这对孩子的人生意义重大。

　　幸福的能力是生而为人最宝贵的财富之一，该能力的培养必须建立在正常人格和心理的基础上，而父母就是孩子人生的幸福缔造者。

只有一个人的体育夏令营

每次的寒暑假前,妈妈爸爸都会征求东东的意见,给他制定一个假期计划。

这不,小学三年级的暑假马上要开始了。

妈妈对东东说,"你自己先提出来一个想法,然后咱们一家一起分析讨论下是否可行。"

东东想了想说,"我想在这个暑假参加一个体育方面的夏令营,好好把体育弱项加强一下。"

爸爸一听就同意了:"好啊!这个好,假期锻炼一下身体,再学一些体育方面的专业知识,这个真的很好!"

妈妈笑着说,"既然已经有两票了,我的那一票也没什么用了。那好吧,我也觉得参加一项体育活动挺好。"

于是,东东的暑假就有了一项很重要的计划——参加体育夏令营。

开营当天,妈妈把东东送到集合点。哇!东东和妈妈都很吃惊,这么多人啊!十几辆大客车坐满了去参加夏令营的孩子。

妈妈吃惊地问组织夏令营的一个女老师："这么多孩子都是参加夏令营的吗？"

女老师笑道："不是，我们有各种主题的夏令营，比如奥数的、口才的、领导力的等等。"

妈妈听了点点头，说，"参加体育夏令营的孩子多吗？"

女老师翻开名册，查看了一下，说："参加体育夏令营的孩子只有一个小学生，所以和中考体育提升班的孩子分在一个营里了。"

妈妈很吃惊，再次和女老师核实："怎么也不至于就一个小学生吧？"

女老师再次翻开名册，认真地看了看，确认："是的！就一个。"

原来，那个报名参加体育夏令营的唯一一名小学生就是东东，另外四个要参加中考的初中生是因为担心体育中考成绩不理想，所以来强化一下。即使这样算下来，参加体育夏令营的孩子也只有五个。

营地设在北京昌平区。这天，妈妈突然心血来潮，到营地探望东东。她从开着的宿舍门往屋里看，东东正坐在自己的床上，人没有瘦，但黑了很多，穿着也很整洁。

老师夸奖了东东，说他很热爱劳动，总是主动帮助老师拿教具，比大孩子们表现得还好。然后，妈妈听到同宿舍的孩子称呼东东为"小崔"。

妈妈有点好奇，问东东："他们为什么叫你'小崔'啊？"

东东说，这是他们给他起的外号，不是那个"小崔"，而是"小吹"，因为他比较喜欢说话，他们却认为他是在吹牛。

在训练营地，老师向妈妈介绍了东东的表现。老师说，很多小孩在训练时，因为天气太热，身体太累，都会想尽办法尽可能投机取巧少运动，可是东东从来不会。老师还举了一个例子：有一次，因为帮助老师去借教具耽误了训练时间，老师就和东东说，"你可以少跑一圈。"东东却说，"那可不行，我来参加夏令营的目的就是锻炼自己的，妈妈还给我交了那么多学费呢！我如果锻炼少了，那不是吃亏了吗？"

写给妈妈们：

  孩子们宅在家里的时间越来越多，户外和运动场上的孩子们却越来越少。他们把自己封闭在微信和网络的世界里，在虚拟空间游刃有余，乐不思蜀，却在现实中，回避与人交往。

  是什么使孩子们的性格发生变化的？是什么使他们越来越喜欢宅在自己的世界里？

  因为缺乏运动，缺乏团队的活动。所以，把孩子赶到运动场上去，让他们一生都与体育和运动结缘。

  最近，越来越多事业有成的老板在积极参加跑步活动。跑步还帮他们治好了抑郁症，帮他们卸下了压力和包袱，让他们悟出了人生真谛，让他们重新找回了生命的活力和价值。所以，运动真的很有价值，让孩子们坚持去运动吧！

来自夏令营的一封信

体育夏令营的老师要求每个孩子给父母写一封信，汇报一下自己的表现。这也是东东第一次给爸爸妈妈写信。

在信寄出来的第三天，妈妈就收到了。看完信，妈妈发现自己还真是有点不了解儿子了。原来，那个印象中大大咧咧的小男孩还拥有一颗蛮细致的心，那个总丢三落四的小学生还很自律自强呢！

妈妈把东东人生中的第一封信收藏起来，并与大家分享一下：

亲爱的爸爸妈妈：

我来到营地已经有四天了。在这四天里，我过得十分愉快。

房间里的设施比我想象的还要齐全，美中不足的是这里没有电视！不过，这也是对我的考验嘛！

这里的伙食还算说得过去。不过，不是品种不全，就是看着好吃而不合心意。班主任李老师对我很好，但今天批评了一些大同学，因为他们乱花钱。我没有像他们那么做。不过，矿泉水涨价了，由一块五涨到了三块。所以，我腰包里只剩下三十块了。不过，千万别给我送钱，我还准备剩下二十块回去还给你们呢！

谈完这些以后，就得说说训练了。

我们一开始的老师姓尚，是个女老师，训练强度不太大，但也算不上弱，后来，由于某种原因，换了一个新老师。这个老师是男的，姓王。他大大加强了我们的训练强度：先跑一个一千两百米，再做柔韧练习（这个我没问题），然后又跑一个一千米，然后再跑三个四百米（每个之间有休息），这让我感到有点体力不支。下午做了一些很费力的上肢力量练习，比如仰卧起坐之类的，搞得也很累，而且上午练了两个钟头，下午练了四个钟头，不过，这样也好，花了钱就得努力嘛！

我来到营里已有四天了。这四天里我和室友相处得很好。

面对高强度的练习，请你们放心，我明白搞体育的辛苦，也明白我这次来的目的。

最后，对你们致以衷心的问候。祝你们身体健康，万事如意！

爱你们的儿子　东东
2006年8月

写给妈妈们：

　　孩子比我们想象得成熟、独立，有责任、有担当、有毅力，能自律……孩子让我们感动。

　　不要舍不得孩子，不用心疼孩子，他们更明白今天努力和明天收获之间的关系。

　　孩子更喜欢挑战自己，更喜欢磨炼自己。父母一定要敢于给他们机会，舍得去锻炼他们。

　　如果能真正明白，今天的吃苦、今天的付出会收获明天的坚强、明天的成果，我们就会为了孩子更美好的人生，舍得让他们去历练了。

去打篮球，因为女生喜欢

"加油！加油！"

妈妈和东东在家附近的一个大学操场里跑步，因为她和东东都想减肥。两个人相互鼓励，再跑一圈就完成今天的计划了。

已经升入初中的东东比妈妈先到达终点，然后等着妈妈也到达终点。

妈妈气喘吁吁地跑过来，一边喘着粗气一边说，"看来女生喜欢爱打篮球的男生是有道理的啊！"显然，她被旁边篮球场上生龙活虎打篮球的大男孩的活力给打动了。

两人来到篮球场边，妈妈继续感慨道，"会打篮球的男生确实很有魅力。你看那漂亮的运球、投球，身姿确实漂亮。"

东东则问："你怎么知道女生喜欢爱打篮球的男生？"

"我当然知道，因为妈妈也曾经是'女生'啊！我们那个时候就这样，现在还是这样的。"说完，妈妈指着篮球场周围的女生说，"你看，那么多漂亮女生在围观呢！"

东东看了看，点点头，没说什么。

不知道是不是因为这次和妈妈的谈话，不久，东东就参加了学校的业余篮球培训班。教练是一位退役的国家专业篮球运动员，小伙子球打得很棒。看他在篮球场上灵活的运球、传球、投篮，让人真切地体会到优秀运动员拼的不只是体力，还有智力。

可孩子遇到这么优秀的教练不知是他们的好运气，还是坏运气，因为这个教练虽然球技好，对学员的要求却太过严格，甚至可以用"苛刻"来形容。他不放过学员的任何一个不协调、不规范的动作，对偷懒等行径也深恶痛绝，整个练习过程监督得非常严格认真，训斥学员的言语甚至到了家长难以承受的地步。

妈妈开始有点担心东东，他是那么敏感，自尊心那么强，又爱面子，不会和教练打起来吧？结果，出乎妈妈的预料，东东不但对教练言听计从，而且十分欣赏他，还说，体育项目就是需要这样的教练，因此还和教练成了"哥们儿"，篮球水平也确实提升了不少。

暑假，家里迎来了东东的小表弟，一个比他小两岁的胖弟弟，两人竟然商量着一起参加篮球训练营。

北京的夏天，那叫一个热，篮球训练馆里没有空调，比室外还闷热，妈妈担心他们坚持不下来，亦很心疼他们。但两个孩子愣是坚持了下来，半个月的训练时间，没休息过一天。小哥俩玩得很开心，妈妈就用做美食的方式来鼓励和奖励他们。

就这样，东东从一个几乎没有摸过篮球的文弱小书生，一下子锻炼成了一个肤色黝黑、身骨健壮、拿到篮球就会生龙活虎的小伙子。

写给妈妈们：

> 男人需要战场，男人需要职场，可是，对"小男人"来说，可以尽情挥洒的舞台就是体育场吧！
>
> 男人需要力量，男人需要毅力，男人需要坚持，男人需要挑战极限，男人需要强健……这个世界赋予男人很多的标签和期望。这些期望的实现，需要男人自身去练就。而对一个小男孩来说，他可以通过在体育场上的一展身手来修炼自己的这些品质。
>
> 不喜欢运动的男人，看着不够阳光；不喜欢运动的男人，看着不够有力量；不喜欢运动的男人，看着不够有活力；不喜欢运动的男人，看着不够强健……
>
> 那么，把你的小孩，特别是男孩子赶到运动场上去，让他在运动中强健自己的体魄、翅膀和生命。

被踢进去八个球的足球守门员

高中后，原本喜欢篮球的东东突然客串班级足球运动员了，还号称自己是主力，让妈妈有点不太相信。

可东东说，其实足球才是自己的心头爱，只是妈妈不知道而已。

学校的足球比赛组织得很正规，还统一给每个球队购置了专业的队服。东东所在班级的运动服是AC米兰队的队服，更重要的是，班级女生还组建了啦啦队，搞得热热闹闹、如火如荼。

可妈妈却替东东他们捏把汗。这些理科实验班的男生可以经常拿到全年级物理第一、数学第一、化学第一，但足球比赛恐怕不是他们的优势所在吧！

果真，第一场比赛，他们就铩羽而归。

妈妈关切地问东东，"比分很悬殊吗？"

东东轻描淡写地答："也不算太大，对方进了四个球。"

"那你们进了几个？"

"我们运气不好，一个球也没进去。"

妈妈睁大眼睛，说："这可是足球比赛啊！4:0的悬殊比分，还认为自己队输得不惨，你们这内心可真够强大的！"

一周后，第二场比赛开始。结果不言而喻，又输了。

妈妈继续关切地问："这回输得厉害吗？"

东东仍旧轻描淡写道："这次遇到的是公认的强队，也是本次比赛的夺冠热门队，我们早有思想准备，输得还可以吧！"

"输得还可以是什么意思？"

"对方进了六个球，我们没进球。"

妈妈真是按捺不住了，就问："对方进了六个球！你们队没有守门员吗？"

"你说得还真靠谱，我们班的守门员受伤了。"

妈妈心里激灵一下，问，"伤得重吗？"

"不重，就是脚扭了一下。"

"比赛还没全部结束吧？那下一场怎么办？"

"还有最后一场。下一场我准备接替受伤的同学，去当一回守门员。"

妈妈笑着说，"你连我抛过去的苹果都接不准，怎么能当守门员呢？"

"接苹果和守门是两码事。下一场的对手属于进攻型的球队，我们队准备采用防守型战术，守门员的责任重大，大家相信我，就一致推荐了我。"东东信誓旦旦地说。

妈妈心里暗笑，同时也为儿子捏把汗，但嘴上还是鼓励："好啊！希望你不负众望，能守住大门。"

第二天的比赛，东东他们队被对方攻进去八个球。但他的情绪丝毫没有受到影响，并说自己还是奋力扑出去了一个球，赢得女生啦啦队的一阵尖叫。

几天后的家长会上，班主任还表扬了东东，没说他门守得有多好，只强调他很勇敢，在原守门员受伤的情况下，不惧压力，临危受命，精神可嘉。

是啊，在全班女生啦啦队的狂呼声中，能坦然迎接对方射来八个球，并且还能扑出一个，实属不易啊！

再说，友谊第一，比赛第二嘛！因此，妈妈也给东东点了赞。

写给妈妈们：

谁都不喜欢失败，但谁的人生能保证一帆风顺？

那就放手让孩子们经历失败，承受失败吧，因为今天的失败是为了明天更大的成功。

如果在足球场上既能体会到成功的喜悦，面临失败时亦能表现出坚守和坦然，比赛的结果也就不那么重要了。

从人类的角度、国家的角度，体育从来都是和健康联系在一起的。奥运会、亚运会、全运会、大运会、学校的运动会……都给大家提供了运动的机会，也展示了运动的魅力。不管是篮球、足球、排球，抑或羽毛球、乒乓球，只要是孩子喜欢的，哪怕只有一丁点兴趣，就让他们积极地去参与和投入吧！

运动对一个少年的意义远远超出我们的想象。

这可不是破石头

"妈妈,开门!"

正在做家务的妈妈听到东东在门外大声呼喊自己,于是放下手中的活儿,急忙去开门。打开门后,妈妈几乎是惊呆了,只见东东搬着一大块石头站在那里。

"你从哪儿捡的这么大一块破石头?要放到家里吗?"

东东一边搬着石头进来,一边说,"这可不是一块破石头。"

原来,这个周末,东东和几个同学一起去北京门头沟山里去观察地理地质情况去了。据说当地地质情况非常复杂,很多石头都是化石。结果,东东很幸运地发现了这块石头,并坚持把这块很沉的石头带回家。

妈妈说,"家里刚装修完房子,你还是把这块看上去不太养眼的破石头扔掉吧!"

东东一听就急了,"我还是先给妈妈讲讲这块石头的来历吧!"说着,他把那块"破石头"放在凳子上,指着上边的花纹说,"妈妈,你要细看。这是古代的虫子，这个是那个时代的草。所以，这可不是一块普通的石头，它是一块宝贵的化石啊！"

妈妈这才仔细端详起这块石头，道："原来这是一块这么有科学价值的石头啊！"

于是，她也终于同意把这块石头放在书房里了。

还不止这些，从此，这块经过上亿年大自然风吹日晒打磨出来的石头让东东一家人彻底着迷了。只要有机会，他们就会到处寻找各种奇石，更会把它们做成标本，供朋友们参观和欣赏。妈妈常说，真没想到，放纵东东的一个爱好，却成全了我们全家的一个志趣。

从此，妈妈会尽可能成全东东的各种爱好。比如他还喜欢收藏音乐光盘，喜欢看大片，喜欢美食，喜欢旅行和冒险，喜欢藏书，喜欢和同学侃大山……她都会尽可能地支持他。

有一段时间，东东很喜欢当主持人，妈妈就鼓励他去参加一个主持人的培训班。他在假期坚持独自上了八次的课，不仅从此当众讲话不再怯场，还成了他们班的主持专业户。

妈妈真没想到，小时候不喜欢举手发言的儿子，竟然还代表学校参加了一个全国中学生远程辩论大赛，并且胜出了。

有了这样一番经历，东东更喜欢表达自己了，也喜欢参与各种集体活动了，妈妈并不担心这会影响他的学习。她常说，顺其自然吧，生活不是在中考和高考后开始的，生活是随时随地，生活就是当下，快乐就好。

写给妈妈们：

在大人看来，孩子热衷的一些事可能毫无意义，或者显得不务正业。于是，家长便会千方百计阻止或者反对，冷嘲热讽之下，孩子也就不得不放弃了。其实，生活并非全是严肃的事情，只要孩子的那些爱好或小兴趣无伤大雅，身为父母都应该支持，甚至放任一些也是好的。

很多孩子每天闷在家里，不知道自己喜欢什么，学习之外，只剩下电脑和手机，渐渐出现沟通障碍，恐惧与人交往，更不愿走向社会。而情趣和爱好可以修炼一个人的情怀，更可以改变一个人的生活圈子，让我们的生活充满热情。

如今，很多社会资源对孩子也是开放的，特别是大都市，到处都是博物馆、主题公园，寒暑假带着他们开开眼界，体会一下，绝对是最佳选择。

其实，情趣和爱好是可以培养的。带着孩子走向大自然，和外界多多接触，打开他们的眼界，必定会遇到他们喜欢的事物。一旦发现孩子的兴趣所在，我们就应该积极地去鼓励并且扶持，因为很多东西在他们未来的人生中意义非凡，这些是从课本中吸取不到的养分。

拒绝课外辅导班

问:"你们家东东真的没有参加课外辅导班?"

答:"真的没有!除了他自己喜欢的兴趣班偶尔会参加,关于课业学习的辅导班真的没有参加过啊!"

……

这是参加完家长会后,同学家长和东东妈妈的对话。

其实,这么多年来,妈妈被东东的同学家长和身边同事、朋友、邻居们问得最多的就是这类问题。

东东班级有一个叫小静的女生,她的妈妈竟然给她报了五个课外辅导班,孩子每天放学后总要去参加各种辅导班,周末更是从一个辅导班赶到另一个辅导班,疲于应付。孩子参加那些辅导班是为了什么?学校有那么多优秀的老师,为什么还要花钱去外边上课?这是妈妈的真实想法,她实在很难理解小静家长对补习班的执念。

妈妈不但不给东东报各种课外辅导班,甚至开家长会时看见校门口发辅导班资料的人员，也会善意劝道："不要给孩子增加负担了。再说，小广告被人扔得到处都是，既浪费纸张又污染环境。"

这样的妈妈也算是一朵"奇葩"了吧？

其实，妈妈的想法很简单：孩子在学校学习了一整天，已经很辛苦了。再说，他们的童年一晃就会过去，不能再剥夺他们有限的休闲时光了。还有，学校的老师都是持证上岗的，亦都经过各种专业的考核，必定是称职的。再说，老师的职责就是负责把孩子教会，孩子若存有疑点当然可以向老师反复请教，不会有哪个老师置若罔闻的。妈妈还会调侃道，"实行九年义务教育是公民的福利。国家既然已经替我们把孩子的学费承担了，我们为什么还要让孩子参加课外辅导班，支付额外的费用呢？"

对妈妈的这种想法，很多家长会说，那是因为东东聪明，学习又上进，所以才不用参加课外辅导班。

对此，妈妈就问东东："你觉得辅导班、补习班有没有用？"

东东想了想说，"其实，学校老师对班上有些同学参加校外各种辅导班也是持反对态度的。很多同学由于参加了课外补习班，老师讲的东西对他们来说已经是旧知识了，便没有听下去的兴趣，上课时，索性趴在桌子上睡觉。为此，老师还很生气呢！老师一是觉得自己讲课没有成就感，二是会感到自己不被尊重。"

听东东这么一说，妈妈对不参加课外辅导班这件事就更坚定了。

由于不参加课外辅导班，东东有了很多可供自己支配的时间。他感兴趣的东西很多，生活过得丰富多彩，少年时代自然也是一抹亮色。

写给妈妈们：

对很多家长来说，如果大多数孩子都在参加课外辅导班，自己的孩子不参加，心里就会感到很不踏实。还有一些孩子，见周围的同学都在参加各种辅导班，自己也会心里发慌。

那么，辅导班到底是一个什么样的存在呢？

北京四中有一个历年带高考班的老师，人很实在，在一次高三全年级期中家长会上，这样说，"我一看见学校门口那些给辅导班发传单的人就很生气，他们是想方设法要把家长衣兜里的钱掏出去。"他还说，自己也被邀请去辅导班讲过课。辅导机构对老师的要求说得很明白，请你来是要付给你讲课费的，这些钱我们需要从学员身上挣回来，所以你的任务就是想办法把学员留住，让他们不断地来参加辅导班，不断来"送钱"。那么，怎么留住学员呢？一定要在辅导班上弄点"高难"的东西，这些东西虽然在高考时没有用，但会把孩子吸引过来。

听后，众人哑然。

因此，面对社会上众多的辅导班，家长务必要做到"坐怀不乱"。来自社会的压力、学业的压力已经不小，我们要为孩子减负，而不是加码。

散伙蛋糕

"妈妈,今天是中考最后一天,我可能要晚回家一会儿。"东东早晨临出家门时,和妈妈如是说。

"为什么啊?"

"班主任吕老师说让全班同学考完试后,回一趟教室,她给大家准备了'散伙蛋糕',要吃完蛋糕才回来。"

妈妈有点感动道:"是啊!就要和老师、同学们说再见了。"

妈妈和东东击掌,异口同声:"加油!"

果真,那天东东回家的时间晚了一些。

妈妈问起吃散伙蛋糕的事。东东显得有些恋恋不舍,回忆起来:

考完试,同学们陆续回到教室,一个大大的蛋糕已经摆放在教室讲台上了。班主任老师微笑着看着同学们。人很快到齐了。老师说:"别的话就不多说了,我们现在开始吃蛋糕吧!"

东东站起来,对着相处了三年的班主任说:"老师,请允许我先说几句话吧！"吕老师点头同意。东东说道："同学们，我们终于考完了，今天大家就彻底散伙了。在吃蛋糕前，我有一个建议。这三年的时间，老师为我们付出了太多，让我们一起起身为班主任老师敬个礼吧！"同学们都站起身，齐刷刷地向陪伴了他们三年的班主任老师敬礼致谢。老师的眼圈红了，动情道："谢谢孩子们！"大家开始分吃蛋糕。蛋糕很好吃，大家把考试的压力瞬间忘掉了，一个大蛋糕很快被瓜分完毕。吃完蛋糕，老师说，"孩子们，大家都累了，快都回家吧！"同学们站起身，和老师点点头，陆续离开。最后，教室里只剩下东东和班主任，老师看着他问："你怎么不走啊，班长？"东东说："老师，您先走。"老师说："你先走！""不，老师，您先走，您的孩子还在家等您呢！"

老师过来拉着东东的手说："我们一起走吧！"

听到这里，妈妈有点感动，同时也有点吃惊。

"你怎么突然想让大家给老师敬礼呢？还有，吃完蛋糕，你怎么不和其他同学一起先行离开呢？"

东东说,"为了我们的中考,班主任老师连自己家的孩子管得都很少,她为我们付出得太多了。还有,每次放学后,都是我最后一个离开教室,这次也是习惯性站好最后一班岗。"

妈妈站起身,拥抱东东,感动道:"嗯,你做得很好,应该感谢老师,也应该站好最后一班岗。"

写给妈妈们:

无论如何都要做一个知道感恩的人。

对于孩子来说,最应该感谢的人就是自己的老师。中考、高考过程中,孩子们很辛苦,家长也很紧张,但别忘了还有一批人付出得更多,他们就是孩子们的老师。所以,让孩子爱自己的老师,让他们尊重自己的老师,让他们理解老师的付出,让他们感恩老师的辛苦。这不只意味着孩子的成长,更是他们在学习做人,品质的培养和考试成绩同等重要。

时刻提醒孩子要感谢自己的老师。一个知道感恩的孩子,未来才能得到更多人的帮助,才能成为一个幸福和成功的人。

散散步，聊聊天

夏日的傍晚，东东和妈妈正在散步。

每星期，妈妈都会安排一次长距离的散步，母子俩不只散步，还会倾心长谈。东东和妈妈都很享受和珍惜这段时光。东东很喜欢说话，说话似乎能使他感到轻松，也使他感到愉快；他喜欢表达自己的观点，喜欢和别人分享自己的见解。

当天晚上散步时的话题是由东东挑起的。

东东突然问："妈妈，你早恋过吗？"

妈妈不假思索地回答："没有啊！"

东东有点不相信，继续问："那你初高中阶段就没有喜欢过的男生，或者被某个男生喜欢过吗？"

妈妈一时语塞，思忖着儿子为什么要问这样的问题。他是不是遇到了同样的问题？我该怎么回答才对？东东难道早恋了？妈妈心里七上八下的，一时不知该说什么好。

东东却在一旁期待地看着妈妈，等待她的答案。

妈妈想了想，说，"时间过得太久了，已经记不清楚了。好像自己心里曾经喜欢过一个男生，但没敢和人家说，那个男生也就不知道。后来因为学习太忙，就把这事慢慢地给忘了！"

东东说，"是这样啊！那也正常。"

妈妈等着东东往下说，可是他却不说话了。

"你接着说啊！"

"也没什么话说了，我就是随便问问。"

妈妈有点不放心，试探道，"你们班有这类事吗？"

东东说："如果一个男生和一个女生很谈得来，大家心里经常会想到一块去，遇到事情还可以一起商量，彼此都觉得特别有话说。你觉得，这算是喜欢吗？"

夜幕下散步的母子俩看不太清楚对方的表情，但妈妈心里是吃惊的。莫非东东遇到了这样的问题？他自己可能也不明白是怎么回事，所以才向妈妈讲述了"一个男生和一个女生"的故事。

两人都不说话了。

这场看似漫不经心的谈话，却是一个斗智斗勇的过程。

妈妈心想：这时，我肯定不能说这样不好，但也不能说这样很好，索性就装作漫不经心吧，否则会起到相反的作用。想到此，她便若无其事地说："嗯，正常啊！朋友之间不分性别，而男生和女生的处事方式是可以互补的！"

东东倒是显得很自然，接着说，"今天我们的哲学课老师和大家讨论了一个问题。"

妈妈松了一口气：这个话题终于结束了，可以谈点轻松的了。就问，"你们讨论了什么问题？"

"教哲学的老师问我们，如果一个本来学习成绩很差的男生，因为喜欢上班级的一个女生，为了赢得对方的好感而拼命学习，结果本来是年级上百的排名却变成了头几名。那么，遇到这样的情况，学校和老师要不要干预？该怎么办？"

妈妈万万没有想到，东东在继续延伸上一个问题，而且，她好像也真的不知道该怎么办。于是说，"我还真是第一次听到这样的事，那老师说该怎么办？你又觉得该怎么办？"

"老师们肯定会为难啊，不管吧，违背了禁止谈恋爱的校规；管吧，又怕那个男生很不容易提上来的成绩再下去……"

妈妈说，"那倒也是……"

散步长谈就这样结束了。关于两个互有好感的异性同学相处的事要不要干预，也没谈出什么结果。

回到家，东东继续做作业，妈妈继续做家务。

几天后，妈妈突然和东东说，"很多东西装在心里就很美好，说出来还不一定美好呢！"

东东好像听懂了，又似乎没懂。但妈妈也不想再解释了。

写给妈妈们：

　　沟通无处不在，培养和教育孩子的过程就是一个沟通的过程。

　　沟通可以增进了解，可以化解误会，可以促进感情，更能使彼此理解。沟通的双方一定要建立在平等的基础上，只有在这种氛围下的沟通才是真实有效的。亲子关系中有一条最重要的原则，就是保持平等的沟通。

　　另外，孩子的话，家长不能不听，但也不能太过认真；孩子的思想动向，家长不能不关注，但也不能太过在意；他们随意地那么一说，我们也就那么随意地一听；他不再提了，我们也就别再问了。谁的青春不迷茫？

　　其实，这就是成长。

　　很多家长对孩子的"风吹草动"过度敏感，密切关注，绝不放过。孩子话语行为中稍显苗头，就要穷追不舍，希望将危险扼杀于萌芽状态，但结果往往适得其反，小事化大，大事弄得无法收场，逼得孩子逆反，自己操心，最后大家都成了受害者。

　　面对孩子的困惑，我们只需要耐心倾听，然后用心观察，默默陪伴，忍住所有好奇和担忧，让孩子自己去碰壁、去痛苦、去失败、去揣摩、去经历、去成长。这是每个人都必须经历的人生，也是成长的真谛。

你说，妈妈听着呢

　　东东是一个特别喜欢说话的小孩，而且最喜欢和妈妈说，他会把对某件事的个人看法滔滔不绝地分享给妈妈。所以，妈妈不但是东东的听众，还必须是最好的听众。

　　东东对交谈对象的要求极高，他在和你交谈的时候，你必须全神贯注，表情认真，注意力集中，稍有走神儿，哪怕斜视一眼旁边的电视，都会被他发现。随后，当然是他严厉的批评。还不止这些，作为听众和沟通对象，对有些话题你还要适时做出回应，否则他会认为你没听懂，会再详细地阐述一遍。

　　可是，东东是男生，喜欢研究各种"公交"（公共交通）问题，也关注世界各地的地理概况；妈妈是女生，喜欢插花、服装和美食等。显然，倾诉者和倾听者的兴趣范畴缺乏交集。但为了做一个好的倾听者，妈妈会对东东感兴趣的问题也连带着"研究一下"。

　　一般情况下，妈妈都会是一个合格的分享者和听众。淡然，偶尔也会有让东东失望的时候。比如，手头事多的时候，她就会情绪不宁。每当这时，敏感的东东总能察觉到，并因此感到失望和扫兴。

后来，妈妈反思了自己：东东一整天都在学校上课，没时间和同学交谈，更没时间对自己关注的事情发表观点和见解，回到家特别想和妈妈好好说说话，这也是好事啊！再说，孩子特别喜欢说话是出于愿意分享，对分享有极高的热情；还有，紧张的学习之余和人说说话，阐述一下自己对某件事的观点，也能放松自己。做妈妈的如果连这样的耐心都没有，又谈何爱孩子呢？

从这以后，只要东东有倾诉的欲望，妈妈就会耐心倾听下去。不管有多少事等着她去做，她都会劝诫自己：没有比孩子再重要的事了。

时间久了，妈妈发现自己不但增长了见识，而且和年轻人的距离也越来越近。她把自己的感受告诉东东，他也因此受到鼓舞，更加愿意和妈妈说话了。

在偶尔的聊天中，妈妈不只当听众，也会全面了解东东的心态和他对事情的看法。当他偶尔偏激和认知错误的时候，如果无关紧要，妈妈就会调侃一番，两人一笑而过；如果涉及原则性，妈妈就会认真指出来，并以理服人地说服他。

长期以来，东东和妈妈之间真的没什么是不可以谈的。由于东东的健谈、妈妈的倾听，他们没有任何隔阂，成了最知心的朋友。

无论家中的客厅、周末的公园，抑或地铁上、餐厅里……人们常常看到东东在说，妈妈在听；东东再说，妈妈点头；东东继续说，妈妈微笑。东东说个不停，妈妈的表情始终专注……

写给妈妈们：

做一个会倾听的人于当下显得尤为重要。这个烦躁的世界不乏声音，却罕有倾听者，尤其缺乏用心倾听者。孩子和父母间，往往是父母说得多，孩子表面听得多。为什么是"表面"？其实，孩子听进去的很少。父母总认为自己是家长，无形中难免带着领导的权威，而领导意味着居高临下的绝对话语权，孩子在这种威慑下，表面上是听众，内心却充满了抵触情绪。

身为家长，与其强势地灌输和苦口婆心得谆谆教导，不如将话语权交给孩子。当然，并非任由孩子主导局面，我们在耐心的倾听中，依然会是主动者。我们会从孩子的话语中发现他们成长的"蛛丝马迹"以及各种苗头，以守为攻，这样付出的教育成本可能会小得多。

那么，就给孩子创造一个耐心倾听的环境吧！静下心来专心地听，做孩子最好的听众，这样的机会并不多，须珍惜！

比比谁更囧

"你为什么把我生成这样啊？"

东东一进家门，把书包放在大厅里，就和厨房里的妈妈没好气地说了这么一句话。

妈妈一边擦手，一边急忙从厨房里出来，看着东东，问："怎么了？"

东东继续没好气地说，"就我这长相，没法不自卑。"

妈妈听清楚了，忍俊不禁起来，"你这长相怎么了？我儿子长得多帅啊！"

没想到东东更加生气了，大声说："帅什么啊？我这长相太文气了，太稚嫩了，太显小了！"

妈妈有点不服气道："你的五官属于小巧玲珑型的，确实显小，但这种长相多可爱啊！"

结果，"可爱"二字把东东彻底惹火了，近乎是在喊："谁要可爱？女生才要可爱呢！男生要长得粗糙才好，我们班女生都喜欢大叔型的男生，像我这样的'小白脸'只能遭到嫌弃。"

妈妈这才豁然开朗——原来是这么回事啊！嘴里不由嘀咕起来，"现在的女孩都是什么审美观啊！"

从这之后，妈妈再也不敢说东东长得可爱了，更不敢督促他刮胡子了。

东东每天对着镜子，很珍惜地看着自己的小胡子一点点长出来，还有点美滋滋的。

每每此时，妈妈会偷偷观察儿子的一举一动，然后心里叹息：唉！这就是青春期啊！

周末的早晨，妈妈做好早点，叫东东和爸爸一起过来吃饭，家人围坐在一起。

妈妈看着东东说，"和你说一个秘密啊！"

东东看了一眼旁边的爸爸道："是和我一个人说，还是和大家说？"

妈妈笑道："这是你爸的秘密，所以他也知道，和你一个人说，他听着也没有关系的。"

"好吧，那说吧！"

妈妈故作神秘道："你爸在你这么大的时候，特别有意思，上学时总偷偷摸摸地把你爷的一件中山装装在书包里，然后，到学校偷偷换上，和同学说，是自己的新衣服。"

东东不解地看着爸爸问："你们那时候不穿校服吗？"

爸爸说，"我们那时没有统一的校服。"

"那你为什么喜欢我爷的衣服啊？"

"觉得老成，觉得帅啊！"

东东笑道："一件中山装有什么帅的啊？"

爸爸见儿子笑话自己，就说，"你妈也有很丢人的事啊！"

东东好奇地看着妈妈问："真的啊？"

妈妈说，"我那不是丢人，只是觉得好玩。"

"说，快点说啊，到底是什么事？"

"我就是觉得自己小时候个子太矮。一天,我把你姥姥的高跟鞋偷偷装在书包里,然后穿着高跟鞋上了一节体育课……"

东东一听,笑得前仰后合。

随后,一家人笑作一团。

笑了一会儿,妈妈接着说,"那个时候真的很奇怪,记得我当时从不和男生说话,和他们有肢体上的接触就会觉得很恶心。你们说,我那时是怎么回事啊?当时的我是不是有些反常啊?"

东东赶紧安慰妈妈道,"那也不是什么反常,就是到了青春期了。处于青春期的人都很敏感,过了这个阶段就好了。这是我们老师说的。"

爸爸妈妈故作恍然大悟状。

妈妈补充说,"是啊!老师说得还真对,后来不知不觉还真就好了。"

爸爸看着东东问:"那你现在到没到青春期啊?"

东东想了想说,"好像也有点啊!"

很多父母发愁孩子遭遇青春期,这段时期对父母来说,就好像处身于一个让人捉摸不定的临战状态。尽管东东已经承认自己身处青春期,难免还是有一些偏激之处。

一次,东东和妈妈讨论一件事,说着说着两人就争论起来。东东说,"我就是这么想的,愿怎么样就怎么样吧!"

妈妈也说,"我就那么想的,我也坚持自己的观点,你愿怎么样就这么样吧!"

过了一会儿,东东好像有点醒悟,主动和妈妈说,"我是青春期作祟,请理解,好吗?"

妈妈则不好意思地说,"我是更年期,也请你多理解。"

于是,两人又和好了。

青春期究竟是个什么东西?其实,每个家长也都是从这个时期走过来的,但经历后就不太记得了。很多家长使劲回忆当年亲历的青春期,自觉身心没什么

异样。再使劲想，终于忆起一些模模糊糊的往事——反感家长的干预，有点自大，又有点自卑……这些莫名其妙的情绪都可归为青春期惹的祸吧！

东东的青春期就这样在爸妈的示弱、自黑和默默关注中，悄然度过了。

写给妈妈们：

青春期是一个相当有意思的东西，看似平常，却把孩子折磨得忧心忡忡、烦恼不已。那些诸如体胖、肤黑、眼小、狐臭等小问题，在这个特殊阶段都被放大成严重问题。

男女生间的一句随意交谈，也会惹得一方想入非非，给自己带来不必要的苦恼。即使性格很温和的孩子，也会在青春期突然情绪跌宕，无法很好地自控，甚至做出莽撞之举。还有一些孩子会突然对一件事或一个人非常看不惯，从而没事找事，甚至将小事变大，大事演变为事故。如果这些问题解决不当，那些极端的孩子就会严重厌学，甚至离家出走。此时，家长千万不要认为孩子是无事生非，对他们的极端表现要尽可能淡化处理。

有时，家长的高度重视也会造成孩子的极端表现，激发他们更加极端的行为。那么，试着平静地和孩子分享心情、心事，努力换位思考，去理解孩子。家长千万不可"端"着，好像自己从来没有经历青春期似的，那会使孩子在你面前无地自容，从而彻底封闭自己。

妈妈弱爆了

妈妈不会啊!

妈妈真的不知道啊!

这个该怎么办呢?

帮帮我啊!

……

以上是妈妈经常向东东求救的话语。

看着很笨、很懒、弱到爆的妈妈,东东总会激发出自己的英雄情结,然后像个长者似的说:"好吧!还是我来吧,我来帮你啊!"

每当这时,妈妈就会得意地偷笑。

于是,一个拖了很久,或者本来就该由东东完成的事情就这样被他自己顺利完成了。之后,妈妈还会来上一句:"东东真棒!"

东东则会无奈地说,"谁让我有这么一个弱爆了的妈妈呢?"

哈哈……感谢妈妈的"弱爆了",不知不觉中十六岁的东东已经开始反过来替妈妈操心了。妈妈出门要坐哪路车、办事程序是怎样怎样的、要注意哪些事项等,东东都要给她讲清楚,无微不至。总之,在"弱小"的妈妈面前,东东"强大"起来,表现出了十足的责任感和担当。他也许是这样想的:妈妈那么笨,那么弱,做儿子没有担当怎么行啊?这可能就是东东的心语吧!

妈妈当然不是真的弱爆了,相反,她是一个有主见的家长。那她为什么让自己处于弱势,而让儿子处于强势呢?

通过长期观察,妈妈发现东东是个聪明、有主见、做事很自觉、吃软不吃硬、自我约束力很强的孩子。这样的孩子最忌讳父母管得太严格,必须给他一个相对宽松的环境,让他学会自我管理,激发他的潜能,让他按照自己的时间节奏和计划去做事,按部就班地安排好自己的事。如果父母过多地指手画脚,他就会反感和感到压力,又或者不愿挖掘自身的潜力。

妈妈正是在了解东东的个性后,才决定顺势而为。她试图在儿子的生活中扮演一个"弱女子"的角色,利用儿子的"英雄"气质,给他创造更多"英雄救美"的机会,那样不但会让他有成就感,其自身的成长困惑也会迎刃而解。

当然,妈妈也不是一味示弱,当她发现有些问题儿子处理不当时,也会主动进行干预。她不会板着面孔一本正经地说教,而会考虑到在不伤害孩子自尊的情况下,采用调侃和玩笑的方式,轻松地把问题处理掉。因此,也养成东东幽默和自嘲的风格,当然,还有自黑。

妈妈常说,"敢自黑的人才算是内心真正强大的人。"

一天,东东突然煞有介事地和妈妈说,"真有点高处不胜寒的孤独感啊!"

妈妈一听,就知道儿子又在耍酷,就说,"伟大的人物都是这样啊!"

东东的负面情绪就这样被妈妈调侃得无影无踪,两人笑作一团。

写给妈妈们：

处理孩子问题的方式有很多，一本正经的、调侃的、假装示弱投降的……这里没有对错好坏之分，针对不同类型的孩子，具体问题具体分析，有针对性地采取不同的策略和方法。

但有一个问题需要家长牢记，你要始终爱孩子超过爱自己的权威性，要卸掉自己的血气，和孩子没有道理可讲，孩子和父母间的很多问题是感情的问题，而非谁输谁赢、谁胜谁败。

说到和孩子示弱，很多家长认为那是"跌份儿"的事。然而，你的强势最终收获的很可能是一个和你有隔膜、不驯服的叛逆者；而你的示弱则会赢得一个处处替你着想，让你省心，还想给你撑起一片天的孩子。所以，想想得失吧！

写给东东的第一封信

同学们，收到过爸爸妈妈写给你们的信吗？

爸爸妈妈们，你们一定给自己的孩子写过信吧！

妈妈写给东东的信可是一直留着呢，那就晒一晒吧！

亲爱的东东：

今年是鼠年，12年前的鼠年，你来到这个美丽的世界，到2008年的鼠年，正好一个周期。你已经从一个6.5斤重的婴孩，成长为一个100多斤的小男子汉了。

12年的时间，我一直在用心栽培你，就像种下一棵小树。我没有胡乱砍下你的枝杈，也没有撒手不管，而是用心看护。幸运的是，这是一棵好树苗，成长得茁壮而美丽。

希望这棵"树"是对人类、国家和人民有用的，他自己更是快乐和幸福的。

12年的时间，你给妈妈带来了很多快乐和幸福。你身上表现出的特质常让我为你骄傲。你对学习的投入和认真、正确的学习方法、广泛的兴趣、优异的成绩、英俊的外表、极具魅力的气质等，都让人欣喜不已。

尽管都不错，但作为你最亲爱的老妈，新学年还是要对自己的"小树"提出点期待。期待什么呢？再勇敢点、再宽容些、再豁达些、性格再温和点。不能太敏感、太急躁，过于敏感就容易被别人的评价左右，束手束脚，干起事情来就会缩手缩脚的，难成大业；而急躁是妨碍所有好事的魔鬼。对付它的好办法就是：宽容、豁达、心胸开阔、温和、涵养。具体方法就是：深呼吸、数一、二、三、四、五……问自己：为什么呢？嗯！魔鬼好像不见了，什么事也没有，是不是？

爱你的妈妈
2008年12月26日

写给妈妈们：

这封信把一个临近小学毕业的孩子夸得自信满满。但在信的最后，妈妈还是指出了孩子身上存在的成长障碍。

先扬后抑，这是和孩子沟通时常用的一种技巧。

孩子的成长不可能一帆风顺，关键是如何和孩子沟通，沟通方式不同，收到的效果也会截然不同。很多家长喜欢用训斥的方式，觉得训斥得越大声，孩子改正的力度就越大，有的家长甚至不惜用暴力手段。暴力和训斥很可能会导致孩子心理恐惧，从而改正，但如果孩子因此失去自尊，就因小失大了。

其实，用维护孩子自尊的方式去说服和教育他们去改正自己的缺点是最为恰当的。如果你和孩子说明白今天指出他们的问题是为了其日后的幸福生活，他们一定会觉得妈妈和自己是一伙儿的，她是因为爱自己才指出自己的问题；如果我们再把道理讲清楚，他们就会心平气和地带着感恩的心去改正自己错误。

沟通既然需要技巧，那么用写信的方式还真不错，因为有思考的时间，可以把事情说得更清楚。

写给东东的第二封信

下面这封信，是临近中考前，妈妈写给东东的一封信。

一起读读啊！

亲爱的东东：

小升初的时候，我们放弃了为你争取一所名气更大一些的学校的努力，因为我们想让你靠自己的实力去实现人生的每一步。你自己也清楚这些，所以你说自己更喜欢拼个人实力的中考。

那么，东东，此时我们最想和你说的就是：证明你实力的时候到了！

你的人生大目标是成为社会的栋梁，那么，中考就是实现这一大目标过程中的小目标，把握好它！但与之相比，我们更希望你收获少年时期的快乐，以及健康成长。

东东，真正的强者是在快乐中把握学习，在快乐中成就中考。那么，希望你在这一年不要因为中考丢弃了快乐，要善于排解焦虑和急躁，在紧张的情况下也要尽量放松自己；还希望你再长高一些，内心永远充满阳光，心态更成熟。

亲爱的东东，相较结果，我们更看重的是这一年你将如何走过。学会处理压力，把握人生机会，付出努力，拼出实力，快乐地成长，那个中考的结果就是你真实实力的体现，它必定也爸爸妈妈所能接受的。所以，现在不用去想那个结果如何，按照老师的教导完成每天的任务即可。

还有，别忘了，你的中考也是爸爸妈妈的中考，我们永远是你的"粉丝"。

爱你的妈妈
2011年3月

写给妈妈们：

沟通是人与人之间、人与群体之间思想与感情的传递和反馈的过程，目的是以求思想达成一致，或感情的通畅。

书信是相隔较远暂时见不到面的人之间相互交流情感与思想的工具。而我们每天和自己的孩子生活在一起，为何还要写信呢？重视和孩子的沟通，需要以书信的方式备忘一下；因为在写信的时候，我们才能和孩子真真切切、完完全全地表达出自己的想法。

有时候给孩子写信，只是想认真地总结一下他们的表现。让孩子更清楚更全面地认知自己。写信还有一个好处：平时不能说的话可以畅所欲言，平时不好意思讲的内容也可以一吐为快。比如，"亲爱的，我爱你！"

中考这件事，对于孩子来说很重要，让他们放下压力和包袱，郑重其事地写封信给他们还是不错的主意。

写给东东的第三封信

时间过得好快啊，东东已经十八岁了。他所在的学校要为高三学生搞一次成人礼，而且还邀请家长一同参加，真是好有仪式感呢！

妈妈能为他做点什么呢？送一份礼物吧！当然。

在这个重要的时刻，总感觉只送礼物还是不够。对了，再写封信给他吧！

好的，那就认真地开始写。

亲爱的东东：

你已经十八岁了吗？这是真的吗？

在父母的眼里，你分明还是那个眯着小眼睛，永远微笑的小男生。还记得幼儿园老师问你，"你为什么总是笑啊？"你说，"因为我心里安装了一个微笑器。"

亲爱的东东，你拥有太多的"美好"。你的乐观、你的正能量、你的分享、你的豁达、你的正派、你的规范、你的正义感、你的投入、你对生活的热情、你的生活情趣……当你有朝一日走向社会后，这些"美好"会帮助你成功，也会给你带来挫折。但这就是生活，这就是你，是使父母和你感觉"美好"的自己，所以，坚持做"美好"的自己吧！

亲爱的东东，感谢你！是你的"美好"一直提醒我们，一定要做足够"美好"的父母，做不让儿子失望的父母；是你使我们不敢轻易松懈自己对人生的追求，是你让我们的内心变得越来越美好，是你让我们越来越热爱生活。

我们这代人的童年并不完美，但陪你成长的一路上，我们童年的缺憾得到了弥补。你是我们的儿子，更是我们这一生最好的伙伴。谢谢你，亲爱的儿子。

每次与你拥抱的感觉是不一样的，小学生的你，瘦弱无骨，爸爸见你背着大书包远去的背影，心酸落泪；初中的你，个头高了很多，但依然感觉有些弱不禁风；如今，抱着十八岁的你，感觉到了厚重和踏实，心里竟然有了想依靠的感觉。

亲爱的东东，你确实长大了，一路给你遮风挡雨的父母不知不觉走在了你的身后；一贯冲在你前面的父母，发现自己力不从心了；甚至，我们对自己的生命都变得豁达了，因为你的成长和成熟，使我们感觉放心了。

亲爱的东东，未来，你也许会去远行，但请记得，不管你长多大、走多远，爸爸妈妈都会一生爱你，守望着你，等你回家。

也请你记得那个爱的加减法。有一天，我们会成为你的孩子，会让你操心惦记，这是上帝设计的"爱的轮回"，请你像爸爸妈妈爱你一样，耐心地爱我们吧！因为那也是幸福和美好的！

亲爱的儿子，让我们一生一世相爱下去吧！

爱你的妈妈
2014年12月

写给妈妈们：

每天见面还要给孩子写信，是不是有点多余？

真的一点都不是！

因为每天匆匆忙忙地工作、学习、生活，我们真的不能静下心来和自己亲爱的孩子好好说声"我爱你"了。即使你想说，孩子可能连静下心来听的心思也没有，高考确实是一件让孩子紧张的事情。还有，我们的文化过于含蓄，说出"我爱你"真的有点难为情呢！但作为家长，我们还是应该在孩子成长的轨迹上留下一些爱的印记。所以，放下矜持，给你的孩子写信吧！在孩子成年之际，告诉他，你爱他，你也需要他的爱！

男生为什么要让着女生啊

早晨，妈妈从厨房走出来，看见儿子在收拾东西。

妈妈有点吃惊，问道："今天怎么起得这么早啊？"

东东高兴地说，"今天我们班去秋游。"

"是这样啊！那一定会很开心啊！"

"是啊！"

一天的秋游结束后，东东晚上回到家。可他好像有点不高兴。

妈妈关切地问，"是不是玩得太累了？"

"嗯，有点。"犹豫了一下，东东接着说，"还有点别的事，让我有点想不明白。"

"是吗？怎么回事？你说说，看我能不能帮到你。"

东东开始和妈妈描述事情的经过。

原来，同学们列队走出校园时，发现学校租用的大巴车就停在一旁。大家正准备上车时，班主任发话让女生先上。结果女生们陆续找到座位坐下，眼看着座位就没了，后边上车的男生只能一路站着。

"我觉得班主任有点偏心眼，这分明是偏向女生。为什么要让女生先上车啊？"

妈妈说，"老师这么做不是偏心眼。本来男生就应该主动把座位让给女生啊！"

东东不服道："为什么啊？"

"因为男生的体力比女生好，男生的力气比女生大，因为男生比女生更能吃苦啊！"

东东继续和妈妈争辩："不是说男女平等吗？凭什么女生坐着，男生就要站着？"

"男女平等说的是社会定位和政治地位。实际上，从生理状态看，男孩就是比女孩更坚强和健壮啊！"

"我看我们班有些女生比男生还壮呢！"

妈妈觉得继续说服东东很难，就说，"那就当你们男生有绅士风度，把座位主动让给女生的如何？"

"这样说的话，还可以。"东东表示认可。

后来，东东看到在家里爸爸作为男人也总是照顾和谦让妈妈。这些事他全看在眼里，慢慢地也算认可这点了，就是男生要谦让女生，在特定场合做到女生优先。自初中后，东东几乎没和女生闹过矛盾，对她们也总是礼貌谦和。有时，他不想和妈妈理论，便说："算了，谁让你是女生呢！"

写给妈妈们：

独生子女的时代，每个孩子都是自家的宝贝，他们不善于谦让，不懂得包容。但社会需要人们在相互谦让中协作，在相互包容中工作生活。所以，谦让和包容也是孩子的一堂必修课。

家长们无不望子成龙、望女成凤，希望自己的孩子做到最优秀，但能否成为绅士，抑或淑女，在他们看来似乎并不重要，也就忽视了对孩子这方面的培养和教育。

所谓绅士，无非就是指有良好的自身修养，有爱心，尊老爱幼，尊重女性，保持良好的人际关系；所谓淑女，则指在仪表、谈吐、举止、思维和行为习惯上饱有女性魅力的同时，表现出纯洁、真挚的人格特点。努力把孩子培养成绅士或淑女，这是对他们最负责任的做法，也会让他们终身受益。

遇到个找麻烦的女生

东东再次和妈妈提起班级的一个女生，甚至有点咬牙切齿。妈妈问，"同学之间有这么难处吗？"

"我是不想为难她，可是她竟然动员全班女生和我作对，不支持我的班长工作，总是千方百计地刁难我。"

"怎么为难你了？你说说，我听一听。"

"就是在刚放学前的班干部例会上，她公开反对我，还处处给我出难题。"

"那联合全班女生和你作对又是怎么回事啊？"

"这个是我自己的感觉，因为班级很多女生和那个女生关系都很好，她们总是抱成一团。"

妈妈给东东倒了一杯水说，"多喝点水啊！"

东东接过水杯道："怎么这么倒霉啊！遇到这么一个爱找麻烦的女生！"

"我倒是有些想法。"

"那你说，我听听。"

妈妈说,"首先,在班委会上,有人对你的决策提出不同意见,我认为是完全可以理解的。为什么大家一定要同意你的意见呢?你开会的目的不就是征求大家的意见,让大家充分讨论,帮助你完善方案吗?"

东东继续表示不服:"我的方案已经很好了,那个女生纯粹就是在为难我。"

妈妈接着说,"就算你的方案很好,可你的决策程序有问题。作为班长,你在做出决策的时候,一定要想到民主协商,要和大家一起商量啊!"

东东想了想,没说什么。

"另外,对别人的建议和意见一定要静下心来仔细听听。如果对方提得对,就应该积极响应;如果对方提得不对,可以说服对方。为什么就认定对方是在和自己作对呢?"

东东说,"因为别的班委都很赞成我的方案,只有那个女生吹毛求疵。"

"那你真应该感谢她,是她让你不断进步和懂得反思。还有,作为班长,要学会和班级最难相处的同学搞好关系,目的是使班级的建设搞得更好。"

东东说,"这倒是。"

"如果你和一个女生的关系都处理不好,大家会觉得你的心胸不够宽广,不够包容和大气,这对你未来的发展是不好的。"妈妈推心置腹地说。

东东不再说话了,但从表情看,内心好像还是不太平和。

第二天,放学回来,东东脸上有了轻松的笑容,主动和妈妈说,"其实,那个女孩还是很欣赏我的。"

妈妈问,"你怎么知道啊?"

"因为无意中听到那个女生和别的同学谈论我,说我的管理能力和组织能力都超强,简直就是国际水平!"东东眉飞色舞的。

这件事之后,东东更能包容接纳不同意见了,也能从另一个积极的角度看待那些给自己找"麻烦"的同学了。

写给妈妈们：

一个人的思维方式，决定了他看世界的角度。

喜欢否定的人，总是否定别人，最终也会否定自己；善于猜忌的人，总是用怀疑的眼光看世界，揣测别人的心思，无端地怀疑一切；无法摆脱忧虑的人，总是瞻前顾后，他们的世界难见轻松和晴朗……

这个世界并不单纯，这个世界充满了"不测"，这个世界充斥着不断的挑战……一定要学会用积极的态度和正向思维去对待问题，并且解决问题。

因为正能量能横扫一切雾霾，对孩子来说也不例外。

口头禅这么有威力啊

妈妈坐在学校的礼堂，参加东东的家长会。主持会议的一个副校长正非常幽默地和家长用轻松的方式分享一个段子：

有一个学生在学校总是习惯抱怨，看见什么都感觉不顺眼，口头禅就是："什么玩意啊！"副校长不明白这个学生怎么会这样。后来一次家访，他不止一次听到那个学生的爸爸说出"什么玩意啊"。看电视节目，会说"什么玩意啊"；翻看孩子作业，也说"什么玩意啊"；走路时脚底滑了一下，顺口来一句"什么玩意啊"。副校长终于明白了，原来那个学生是从他爸爸那里学来的抱怨口头禅。

听到这里，家长们笑作一团。

这件事让妈妈深受启发，每当自己有负能量要爆发出来时，她就会立马打住，及时调整心态，警告自己，不能将这种情绪垃圾传染给东东。所以无论遇到什么问题，妈妈都保持积极态度，不抱怨，不埋怨，更不会消极和冷漠。因此，东东也很少流露出负面的情绪，即使遇到困难和问题，他也总是先从自身找问题，从自身寻找突破口，不推卸，不指责，不埋怨，不抱怨。

一位家长问妈妈，"你是怎么样培养孩子的深度思维和正向思维的？"

妈妈想了想说，"就是想办法培养孩子的成熟度，在遇事后，不着急，不训斥，而是耐心地把整件事的方方面面和孩子详细分析。期间，一定要以事实为依据，以理论为准绳，以理服人，让孩子真正理解、明白和消化。长此以往，孩子就会慢慢习惯凡事都要通过客观思考，妥善处理；他们也会逐渐明白，这个世界并非只有黑白两个颜色、对错两个立场，有时候，问题是由背景决定的。"

妈妈不只这样说，也会身体力行地培养东东的思维方式，并注重自己的言行。偶尔，儿子会和同学学一些口头禅，妈妈就会说，"口头禅很厉害的，别把自己带跑了啊！"

写给妈妈们：

思维小巷，这是成年人也经常遇到的问题。

思维一旦进入一个没有出口的小巷子，就出不来了。于是，自己在小巷里纠结、困惑、受苦，就是不知道回头是岸。若想避免孩子未来不走进"思维小巷"，不必遭受这种痛苦，就得从小训练和培养他们学会客观而全面地看问题，养成全方位的思维模式。

一个人的思维面越广，其考虑问题就会越全面，表现得就越成熟。一种思维方式和优良品质的形成，不是一朝一夕的事。给孩子一个充满正能量的成长环境，他们就会积极地成长。家长们一定要注意自己的"口头禅"，千万不能将负面和消极的情绪传染给孩子。

几起几落的班长

东东在精心准备竞选班长的演讲稿。

妈妈打趣说,"祝你的演讲大获成功,顺利当选班长!"

东东和妈妈击掌:"祝我成功!"

结果,全班同学共有三十八人,东东以三十四票高票当选,喜悦溢于言表。

妈妈说,"看来你的'施政纲领'和演讲水平还不错啊!"

走马上任的东东热情高涨地筹划着班级的各项工作,还草拟了班规和教师节活动的方案。

妈妈突然问东东:"你为什么想当班长?"

东东表示,"我想锻炼一下自己的组织协调能力。还有,我觉得当班长是一件挺自豪、挺牛的事啊!"

妈妈笑着说,"那我得给你上一堂'廉政课'了。"

东东不解地看着妈妈。

"当班长可不是为了耍威风,更不是为了管教别人。当班长要为同学们提供服务，要帮助老师排忧解难。所以，要民主，要有能力，要有公心，更要有奉献精神！"

东东听后，好像明白了，嘴里"嗯"了一声。

可半个学期下来，东东的班长竟然让班主任给撤了。原来，他受班主任委派，给一个同学当信使，出了差错。

事情是这样的：有个同学因身体原因不能和其他孩子一样上学、考试，老师让东东把测试卷子送到该同学家里，令其在家里做。可接连两天，该同学家的电话都无人接听，卷子当然也就没送到。老师问东东，"卷子送到了吗？"东东顺口说，"送到了。"他想当天晚上给那个同学送过去就好了，如果和老师说是电话打不通之类的就太麻烦了。可天公不作美，那个同学突然来到学校，东东的谎言被揭穿。就这样，他的班长职务因"撒谎"被撤下。

被撤了班长的东东将功补过，每天放学后，都去那个同学家帮他补习当天的功课。他们还一起做作业，第二天早晨再把那个同学的作业一起带给老师。这一帮就是两个月，那个同学也克服了心理上的障碍，再度出现在班级的课堂上。

在这期间，新上任了一个女班长，但东东仍参与班级的一些管理事务。

妈妈就问，"你现在不是班长了，怎么还管理班级的事啊？"

东东说，"我现在是班长顾问啊！"

"没听说过有这个职位啊？"

东东说，"是我自己起的名字。"

半学期下来后，重新进行班长的竞选，东东站在演讲台上，并再次高票当选。他的口头禅是"带领我们班级前进"，果真，他们班被评为北京市优秀班级。

写给妈妈们：

想当官，要先明白当官的目的为何？哪怕是一个孩子。

带头、服务和协调，一直是我对东东当班长提出的宗旨，他也确实这么做了，因此，最终得到了同学们的认可和班主任的肯定。

不抱怨，不消沉，永远保持正能量；即使遇到挫折，也会东山再起。因为挫折是最好的成长催化剂，是人生最好的导师。

谁不爱电脑，那就好好爱吧

时间过得好快，一晃，东东已经读初三了，马上要面临中考了。

可有一天，东东和妈妈提出了自己的愿望，想把自己的电脑升一下级；还说，没敢和爸爸说，但又无法压制内心的愿望，所以就向"脾气好"的老妈表达了意愿。

听后，妈妈也有些犹豫，一时不知怎么回答为好，就说，"让我想想，和爸爸商量一下。"

妈妈为什么犹豫呢？家长们都清楚，高考的压力已提前至中考阶段。一般情况下，孩子的中考结果基本决定了其未来可能考上什么样的大学。因此，家有中考的孩子，家长们势必不敢掉以轻心。如果给东东买了电脑，万一耽误学习，那就得不偿失了。爸爸对此肯定是不同意的，所以还要耐心细致地做他的工作。

妈妈在担心和犹豫中度过了两天。第三天，东东按耐不住了，问妈妈，"给电脑升级这事到底可不可以啊？"

一直这样拖下去也不是个事，妈妈既不想答应东东，也不想让他失望，这可怎么办？只好说，"我们先谈谈如何？"

东东说，"可以啊！"

"咱们谈两个问题，第一个是你想给电脑升级的用途是什么；第二个是你想如何处理玩电脑和学习之间的关系。"

"我就是想用它听听音乐，查查资料，偶尔会玩一会儿游戏放松放松。至于怎么处理玩电脑和学习的关系，我肯定是在不影响学习的情况下才'鼓捣'电脑啊！"

妈妈点了点头，继续问："那目前的这个电脑不能满足你的那些需求吗？"

"勉强也能用，但升级后速度会更快，用起来更舒心啊！"

妈妈说，"那好吧！我最后和爸爸商量一下。"

其实，妈妈对东东的自我管理能力还是很有信心的，相信他不会因为升级了就沉浸在电脑的玩乐中影响学习。想到这儿，她的主意已定，就是要说服爸爸给电脑升级。

结果，爸爸果真反对。

妈妈耐心地说："我们培养孩子的理念不是很明确吗？就是要努力帮他接触和使用科技前沿的成果。当代青年人确实应该贴近高科技，这样才能与时俱进。我深信这些对孩子的成长很重要。消费高科技前端的产品不是因为虚荣，而是为了踩在巨人的肩膀上。"

但爸爸没有草率附和。给快中考的孩子买电脑，不就是鼓励他玩电脑吗？这怎么得了？爸爸显然对此难以接受。

妈妈进一步和爸爸阐述自己的观点："青少年阶段是学习能力最强的时期，给他买了高科技的东西，你都不用逼他，他自己就会积极地去学习，这正好符合快乐学习和在游戏中学习的理念啊！

爸爸说，"你的意思是趁着东东接受能力强，给他创造更多的学习机会？"

"对啊！另外，我和你承诺，由此带来的后果我全权负责。"

爸爸看着妈妈斩钉截铁的样子，渐渐打消了自己的顾虑，终于同意了。

就这样，经过妈妈的一番分析和说服工作，东东的电脑终于如愿升级了。

写给妈妈们：

高科技时代，一定要让孩子接触科技前沿的民用产品，这最能激发他们的学习热情和欲望。同时，也让他们紧跟时代步伐，不被时代所淘汰。不要因噎废食，要"输"，不要"堵"。循循善诱下，我们总能在利与弊之间找到妥善的解决办法。

如果我们实在放心不下，那就和孩子签订一个君子协定。说不定，还能培养孩子的契约精神。

想挣点钱，那就行动吧

"中考结束了，这个假期就好好玩吧！"

妈妈临上班前，对东东说。

"嗯！可是……"

东东显得有些吞吞吐吐。

妈妈站住脚步，看着东东问："怎么了？玩，还有什么问题吗？"

儿子好像有点不好意思。

"是不是还有别的想法和要求啊？"

"嗯，是的。我想挣点零花钱。"

妈妈饶有兴趣地坐下来道："那我们谈谈吧！和我说说你想怎么挣钱呢？"

东东说，"我的中考成绩还不错，就想利用这个假期将自己中考的亲身经验和重点、难点传授给开学升初三的学弟学妹。这样做，首先能帮助他们顺利升入理想的高中；第二，也算是自己的一个社会实践吧；第三，还可以给自己挣点零花钱。"

妈妈忍不住频频点头道："好啊！我支持你！"

东东也高兴起来，"那我今天就做一个海报，然后贴出去。"

妈妈调侃道："东东老师开始招生了？"

东东有点不好意思地笑了。

下班回家后，妈妈看见东东的"招生海报"已经做好了，文字如下：

分享中考经验

授课时间：7月22日至7月28日，上午8:30到10:30；下午2:30到4:30（时间段任选其一）

授课地点：上门（仅限××大院内）

招生名额：2名（上、下午时间段各1名，一对一传授辅导）

课时数：14课时/7次课

授课内容：传授中考亲身经验，提升应对中考的能力，提高分数。主讲语文、物理、化学。

授课对象：明年的中考生，学习成绩年级中等以上的。

报酬：面议

联系方式：东东

联系电话：××××××××

报名截止：2012年7月21日

妈妈看了一遍说，"OK了！你可以张贴出去了。"

母子俩一起来到小区宣传栏边。妈妈协助东东把"海报"认真地贴了上去。

东东说，"接下来就等着我的学生找上门来了。"

"希望你的讲课费不要太高啊！"妈妈戏谑道。

"我主要是传授知识和经验，钱不重要。"

母子俩相对而笑。

写给妈妈们：

　　孩子想做一些社会实践，家长们应该多多支持，并且协助其完成某些步骤和工作。社会实践活动对孩子们的成长尤为重要。

　　其实，大多数家长对孩子的很多积极想法还是很支持的。但有些家长嫌麻烦，觉得也挣不了几个钱，还那么费劲，不如直接给孩子点零花钱来得方便。还有的家长前怕狼后怕虎，不肯放手，对孩子缺乏信心。其实，这对他们也是一种束缚。

　　孩子想做一些事的时候，他们的内心也不是特别自信，家长如果不积极给予支持，或表现出不信任、怕麻烦的情绪，孩子就永远迈不出走向社会的第一步。

　　支持孩子的想法，帮助他们实现理想，这就是孩子慢慢走向社会的过程。

牙齿一定要齐齐的

东东去内蒙古包头的奶奶家过寒假了。假期结束,爸爸妈妈去火车站接他。

老远处,妈妈看见东东下了火车,便跑过去,和儿子紧紧拥抱在一起。妈妈仔细端详着分别了一个月的儿子。

嗯?妈妈的表情不对了。怎么了?原来,东东的两颗大门牙从嘴唇里支了出来,露在外边了,真是难看极了。

第二天,妈妈就拉着东东去了口腔医院。医生说,小孩子可能觉得新长出的大门牙很好玩,总用舌头去舔,结果门牙就改变了生长方向。

妈妈焦急地问,"那怎么办啊?"

医生说,"只能等全部牙齿都换完,才能矫正。"

当时,东东八岁左右。

妈妈一直把这件事放在心上,等着东东的牙齿全部换完。所幸,大部分牙齿都换完后,那两颗支出来的大门牙自我矫正了一些,只是稍外凸而已,但门牙之间却有一个不小的缝隙。

妈妈当了十几年的记者，采访过各行各业的人士。对着人家提问，听着人家说话，不看对方的嘴是不可能的，不想关注对方的牙齿也是不现实的，所以，她对人的牙齿格外关注。

妈妈说，"如果采访对象牙齿整齐，他们说出来的话，都会觉得很好听；而那些牙齿不整齐的人，即使面孔很周正，整体形象也会因此大打折扣，真是遗憾。"后来，她转行到公司做人力资源工作，面试应聘者时，总是不自觉地关注对方的牙齿是否整齐。那些牙齿整齐的年轻人总会得到她的加分……

东东初中二年级了，妈妈决定不再等了，就带着儿子去口腔医院进行牙齿矫正。

就医的人很多，还有四十几岁的患者也在矫正牙齿，人到中年还不肯放弃对自己的要求，妈妈竟还有些感动呢！同时，她也会想到，这些人的父母当年是多么不重视孩子的牙齿啊，对孩子太不负责任了。等到这个年纪再去矫正牙齿，真的是痛苦费劲。

东东的牙齿矫正方案就是戴牙套，需要一年半到两年，每月都要到医院去调整牙套，总花费为15000元左右。真是工期长、成本高，孩子还要受罪。但是，妈妈觉得必须这样做。这也是妈妈为儿子的形象投的第一笔钱，也算价格不菲了。东东问妈妈："心疼钱吗？"

"不心疼。"随后,她又调侃道,"说不定我们是在为未来的大学教授矫正牙齿呢!花再多的钱也是值得的!"

东东立马露出自信满满的表情。

妈妈希望儿子在未来能一直自信地张嘴大笑。

写给妈妈们：

母亲的眼中,自己的孩子都是最美的,所以会忽略他们成长中有关外表的问题。

其实,每个孩子在成长中都会出现一些外形上的缺陷,如腿型、牙齿、驼背等,这些都是可以得到矫正和纠正的。这对孩子的一生意义重大。

不要认为孩子的外表不重要,也不要认为孩子有了爱美之心就是思想出了问题,注重外表并非不务正业；更不要认为孩子对自己的外表缺乏自信是无理取闹,心智正常的人都会很在意自己的外形。

给孩子一个端正的外表,帮他们把内心的那个自卑的小人儿驱赶走,帮他们把自信的巨人找回来——这个真的很重要!

来吃烤翅吧

清晨，东东和妈妈一起出了家门，一个去上班，一个去上学。

快进校门的时候，东东突然站住了，看着妈妈说，"今天学校放学早，有几个同学想到咱们家里玩。"

妈妈说，"可以啊！"

东东高高兴兴地进了校门。

星期二下午两点就放学了。

孩子们高高兴兴地从学校里走出来，四五个孩子和东东一起往外走。

东东家距离学校并不远，穿过一个小区，再走十多分钟就到了。几个孩子背着书包，乘上电梯，就到了东东的家门口。

门开了。

"咦？怎么这么香啊！"

孩子们都闻到了香味，并四处寻找。

妈妈从厨房里走出来，满脸微笑地看着他们说："快进来吧！我正在给你们烤鸡翅呢！"

孩子们有些局促，但还是纷纷脱了鞋，坐到客厅里。

妈妈拿过果汁和杯子，放在茶几上，热情道："你们自己随便用吧！放松些啊，玩得开心啊！"说完，她就又回到厨房，把一大盘烤好的鸡翅放在茶几中间。

"哇，好香啊！"

孩子们看着香喷喷的鸡翅，口水都要流出来了。

"你们自己随意用，我还有事要出去一下。"说完，妈妈就出去办事了。

孩子们则高兴地一边喝果汁，一边吃鸡翅，说说笑笑，好不热闹。

小学高年级后，东东就开始有了自己的"伙伴集团"。初中后，很快就重新建立了一个更大的朋友圈。每次聚会后，东东都会和妈妈谈起每个同学的变化和各自学校的奇葩事情，始终乐此不疲。他把自己的朋友分成若干不同的圈子，一个是特别谈得来的、一个是很谈得来的、一个是有部分共同话题的。他和每个圈子的相处方式也不一样，特别谈得来的属于铁杆圈，就会带到家里来，大家一起好吃好喝，谈谈知心话。

每次只要大家来，妈妈都会很欢迎，提前准备各种美食，最拿手和最受欢迎的就是烤翅了。她还会向孩子们全面开放家里的书房和大厅，自己则会悄悄"躲"在一边，严格遵守"孩子的地盘孩子做主"的"游戏规则"。如果因工作忙不在家，她就会提前准备好零食、饮料等放在大厅茶几上，孩子们到来后可以自由享用。

东东为此很感谢妈妈，说："妈妈很辛苦啊！"

妈妈就会答："我是在通过这样的方式，帮你建立和巩固你的朋友圈。"

为此，她是这样和爸爸解释的："东东这代孩子注定是独生子女了，今后的人生道路自然没有兄弟姐妹的帮衬，能帮孩子结交更多的朋友，建立属于他们的朋友圈，就等于给他们的人生搭起了一个支撑系统。未来，这个系统在孩子遇到重大问题时，会为他们撑起一片天空。"

写给妈妈们：

很多家长因为怕孩子把家里弄得乱码七糟，所以不允许他们带小朋友回家玩；一听自己孩子去了别人家，也会很不好意思，怕给对方添麻烦。大都市的人情世故影响了孩子们的交往方式。

还有，很多家长一听说自己的孩子有了几个要好的同学，也会担心，唯恐孩子早恋，或是跟别的孩子学坏等等。其实，孩子有分辨是非的能力，什么样的同学谈得来，什么样的同学能成为朋友，他们是心中有数的，大可不必惊慌。

亲情、爱情、友情，任何一种情感的缺失，都会使得人生不够完美，朋友更是孩子一生最宝贵的财富。帮助孩子结交更多的朋友，就等于给他们创造了一笔人生的财富。

人一生的朋友其实并不多，朋友圈无非就是小学同学、中学同学、大学同学，再者就是谈得来的同事。所以，在孩子上学读书的不同阶段，鼓励他们结交更多的朋友，帮助其把朋友圈建立起来是一件非常有意义的事情。

交朋友是孩子自己的事，和谁要不要成为朋友，和朋友怎么相处等，这些也都要由孩子自己决定；家长的支持程度也同样决定了孩子交到怎样的朋友，以及交了多少朋友。

做个世界公民

邻居家的小孩文凯比东东要小三岁左右，就读初中。暑假期间，他们家迎来一个澳大利亚的交换生John。

John是一个金发碧眼的大男孩，比东东小一岁。他每天和文凯一起上学、放学，吃住都在他家，每次在楼道里见面，大家都很自然地用英语相互打招呼和交流。

妈妈和东东商量，请John到家里吃顿饭。毕竟，有朋自远方来不亦乐乎嘛！

东东说，"可以啊！"

妈妈就去和邻居商量这件事。其实，他也想通过这个机会让东东和John深入地交往一下。为此，她腾出半天时间精心策划了一下。最后，她决定给孩子们做西餐。比萨饼做得真的很一般，但三个孩子吃得还是很开心，聊得也不错。他们对各自国家和学校以及各自学习生活都充满了新奇和兴趣，让妈妈吃惊的是，他们交谈得非常自如，东东和文凯尽可能多地使用英语，而John则努力使用中文。

看来，孩子们都很好学啊！都想利用一切机会，和对方学学语言呢！

吃完饭，妈妈给东东和John合了个影，他们还彼此留下了电子邮箱地址。就这样，这顿饭的效果远远超出妈妈的预料。John成了东东第一个外国朋友。妈妈还发现，孩子们远比大人更坦诚、更聪明。两个相差一岁的异国男孩见面后，迅速发现彼此优势可以互补，遂约定以后互学外语，John向东东讨教中文，而东东向John学习英文。两人甚至相约在John回国后，通过电子邮件和视频等方式继续交流和学习，做长期的跨国朋友。John还说，他的未来职业目标是做国际贸易，东东笑道，那未来大家可能会成为合作伙伴啊！

后来，他们真的一直保持着邮件沟通。John真的在学习国际贸易，并且越来越喜欢中国。他们谈论着理想、友谊，谈论着在各自国家的美好生活。

妈妈想，也许不久的将来他们真可能会成为合作伙伴呢！因为世界是平的，没有什么是不可能的。谁知道呢？

从此，妈妈鼓励东东结交更多的外国朋友，她觉得儿子这代人已经属于世界公民了，自然需要朋友遍天下。

写给妈妈们：

给孩子创造一切有益于其发展和成长的机会，这需要家长的不辞辛苦、精心策划和无悔付出，但一切都是值得的。

让孩子交更多的朋友，就是给他们积攒人生的财富。人的一生中有"三情"：亲情，我们可以给他们；爱情，完全是他们自己的事；只有友情，我们可以帮到他们。方法很简单，给孩子创造更多扩展朋友圈的机会。能不能成为朋友那是孩子自己的事，但机会需要家长多多创造。此外，孩子们的朋友圈往往是一边种一边丢，所以，做父母的还得想办法替他们维护。

去见见世面

东东和妈妈说,这个"十一"长假校长要到英国的老牌名校访问,自己也有机会随团去,但想想,是不是学习更重要啊!

妈妈则说,出去见见世面,和学习一样重要啊!

这句话打消了东东的顾虑。达成共识后,妈妈还为东东准备了一盒名片。名片很简单,只印上东东的名字和电子邮箱。妈妈说,活动上大家是没有机会写下自己联系方式的,没有联系方式怎么能交到更多的国际朋友呢?

9月28日,东东随代表团赴爱尔兰及英国进行为期十天的文化交流与友好访问。

在爱尔兰交流期间,东东一行来到爱尔兰最著名的私立学校——黑石学院进行交流。中午,大家共进午餐后,还参观了学院的初中部。参观结束后,东东在三个小组(历史、地理、领导)中选择了地理小组课堂去学习。下午,在学校新建的图书馆里,黑石学院学生会的几位学生为东东他们详细介绍了学院的基本情况。双方同学还进行了精彩的文艺表演。东东演唱了独具中国风的《烟花易冷》，并互赠了礼品。

东东还去了圣三一学院，仔细参观了学校的生物、化学及免疫学实验室，看到很多先进的科学仪器，很受震撼。下午，他们参观了经典与现代相结合的自然美术馆，在馆内还和工作人员进行了探讨与交流。

东东还与圣三一学院的几名中国留学生就大家关心的英国大学情况，中国学生申请留学的条件和途径，中国学生出国留学的目的、收获、留学过程中遇到的困惑以及毕业后就业等个人发展问题进行了面对面的交流。对于东东关心的问题，几位留学生根据自己的切身感受，进行了耐心的讲解。

由于此行受爱尔兰教育部邀请，代表团赴爱尔兰国家议会大厦进行了参观，并与该国教育部部长奎恩会面。

即使身在国外，东东仍然心系祖国。当天是国庆节，回到酒店后，东东和同学们站在酒店外，整齐地排成四排，骄傲地唱出《歌唱祖国》《中华人民共和国国歌》以及《北京四中校歌》三首歌曲，表达了对祖国和母校的美好祝福。这一举动引来了行人的关注与赞扬，也得到了他们的祝福。

此行，东东最想见识一下的是英国久负盛名的贵族学校——伊顿公学，还有剑桥大学城。很快，愿望就实现了。东东说，自己近距离地感受了伊顿公学的独特魅力和传奇色彩。而在康桥，大家真切体会到徐志摩诗中所描绘的迷人风光。东东还情不自禁地吟起那首脍炙人口的诗句：轻轻地我走了，正如我轻轻地来……

东东对这次出行久久不能忘怀，眼界也拓宽不少。妈妈很欣慰，觉得为孩子创造更多开阔眼界的机会总是对的。

写给妈妈们：

作为世界公民，不仅要学好扎实的外语，了解世界各地的文化，还要不断地参与国际性的活动，从而拓宽眼界、增加见识。作为家长，我们要多多鼓励孩子参与此类活动，甚至为他们营造更多的机会。

人的一生在成长的轨迹上总要留下一些"印迹"，作为积累和回忆，孩子见过的世面越多，就会越发充实和自信。

尽情地疯吧

"等着中考后,再玩啊……"

"等着中考后,再弄啊……"

以上,是爸爸、妈妈对临近中考前的东东经常说的一句话。

然后,中考真的结束了。东东一下子想做好多事情,拿着笔记本,开始做计划:学习理财、看哲学书、出国参观旅游、参加社会实践、买吉他学弹唱、同学聚会……

妈妈凑过来,看了一眼,笑着说,"你想做的事还真不少啊!"

东东不抬头,继续思忖。

妈妈笑得更大声了,说:"不用再想了,事情已经很多了,能把这些事都做了,并且做好,就已经很不容易了。"

东东点点头说,"也是啊!"

他站起身,对着妈妈说:"那你把我的钱移交给我吧!"

妈妈一怔,想了想,笑道,"你还真是一个小心眼呢!那我可真的给你了,以后你就要学着自己理财了。"说着，她从一个抽屉里拿出一个存折和一些零钱，"这是你的压岁钱和零用钱，我们这就算是正式交接了。以后，你读高中、大学，包括出国留学等费用，你都要自己学会打理啊！"

东东嘴里答应着，伸出手愉快地接过了钱，并在一个本子上认真记下了钱的数目和接管日期。

妈妈要求东东学会记账，这样，每笔钱是怎么花掉的、哪笔钱该花、哪笔钱可以不花，他就会心里有数了。

前不久，妈妈听了北京大学一位教授的建议，他说中学生应该看一些哲学书，哲学能让孩子不断成长，并尽早成熟思想，让他们学会客观和辩证地看待事物。

就在东东把自己的钱接过去记账的时候，妈妈把这个想法和他说了。

"是啊！我正有此计划呢，准备一会儿就到网上去订购两本一直想看的哲学书。"东东道。

妈妈还有点担心："那些哲学书不知道你能不能看懂……"

"有适合我们中学生看的版本。另外，我还要看看四大名著。"

"四大名著你不是早就看过了吗？"

"现在发现，其实过早地读那些名著，有些内容根本读不懂，更无法理解里边的深刻内涵和文化魅力，所以现在再看一遍有利于更加系统地理解中国文化的精髓。"说完，东东过来拉着妈妈的手说，"老妈，我还有一个想法。"

妈妈笑问："又有什么事要求老妈啊？"

"我的电脑升级后，一直没有好好玩过，我想这几天疯玩一下。"东东有点不好意思地说。

"我就知道，你一定有这样的想法。"

东东笑道，"还有我关注的几个论坛，也想好好上去看看，发表一下自己的观点。另外，我不是一直想学吉他吗？还有……"

妈妈笑着打断儿子："别'还有'了。总之，想做的事很多，是不是？"

东东点头说,"是的。"

"好吧!这个假期我们就不管你了,想干什么、怎么干,你都自己随意安排,尽情地疯吧!"

东东高兴地跳了起来欢呼:"太好了!"

写给妈妈们:

记不记得我们小时候,总会被父母抹杀很多梦想?

当然,如今的我们还是很能理解父母的,出于对我们的爱,他们觉得有些梦想没有意义,更怕我们在激烈的竞争中,因为不务正业而被淘汰;加之生活所迫,他们没有足够的资金支撑我们的梦想。

现在,我们自己成了父母,很大程度上,我们又决定了孩子的梦想是否能实现。我们应珍视这样的权力,用好这个权力,尽可能为孩子撑起他们梦想的天空。力所能及地帮助他们实现并不过分的要求和愿望,孩子长大后会感激我们的。

准备好被打劫

高一暑假,东东去欧洲游学。

临行那天,东东起了个大早,但全然看不出他有疲惫感,而是满面春风的样子。

妈妈感慨地说,"看来人要是做自己喜欢的事,真是一点也不觉得累啊!"

凌晨四点,东东奔赴机场,但飞机还是晚点了,原本上午八点多起飞,竟然延误到十点才飞。

起飞前,东东在机场给妈妈打来电话,说他就要登机了。

妈妈虽然还有点不放心,但从电话里听出儿子愉快的声音,以及对未来的满满期待,也就释怀了很多。

晚七时多,东东从波兰的肖邦机场给妈妈发来短信,说自己已安全抵达中转站,等待飞往德国。凌晨,他又发来短信,说自己已抵达德国。

每次接到儿子的短信,妈妈的心里都更踏实一点。她感慨地和爸爸说,"此时,我完全体会何为'儿行千里母担忧'这句话了。"她最担心的是东东的安全，其次是他丢三落四的老毛病。当然，她也有点想他。

爸爸安慰妈妈道："孩子总是要长大的，总是要单飞的。飞得多远多高也不是父母所能控制的，所以，早点放手由他去吧！"

在爸爸的劝慰下，妈妈总算是把惦记儿子的心暂时安顿下来，开始认真工作了。

几天后，东东从欧洲给妈妈打来了长途电话。电话里，他说，"我要向你反映一件事。"

"好啊！你说吧，什么事？"

"同行的中国同学都很懒，即使对世界闻名的景点也都不感兴趣，每到一个地方就和领队老师说，放弃进去参观，而是躲在阴凉处玩手机。"

妈妈有点吃惊问："是吗？"

东东有点生气地说："真的太让人失望了，年轻人怎么这么懒惰啊！一点激情都没有，不知道珍惜自己出来的机会，不珍惜家长花费的游学费。"

听儿子这么说，妈妈心生感动和欣慰，但为了平复东东的心情就说，"妈妈知道了。你不要为这样的氛围影响自己啊！再说，一个优秀的人不但要彰显自己的正能量，还要积极影响和带动周围的人啊！"

东东说，"好吧！那我知道了。"

放下电话，妈妈很感慨：现代人怎么都被手机控制了？一会儿的工夫也离不开手机！这样下去，到底会怎样呢？

第二天，东东再次给妈妈打来电话，告诉她发生了一件事。

妈妈急着问："到底发生了什么事啊？"

"你担心的事，还是发生了。"

"是不是丢东西了？"

"不是，我们在意大利被劫匪打劫了。"

妈妈一听就慌了，问："你没有受伤吧？"

谁知东东竟然笑道："我都没有惊慌，直接把事先准备好的五欧元给他们了。

我觉得好玩，才给你打电话说一声，没事啊！我挂了。"

妈妈拿着话筒，半天缓不过神儿来：这个世界还真是有点可怕呢！略感欣慰的是，东东已经学会保护自己，相较于人身安全，损失点钱真不算什么。

写给妈妈们：

羡慕现在的孩子，可以玩笑似的讲述自己被劫匪打劫的经过。我想这个世界真有一种东西，叫作世面。

见世面对人来说是重要的，对青年人更是意义非凡。没有见过世面的人，就等于没有直接经验。而生活在这个世界上，很多时候需要直接经验。

直接经验让我们更有真情实感，更能感同身受，包括对付劫匪这件事。即便是不美好的经历，如果注定要经历，亲自体验一次也不错。只是，事先一定要做好安全功课。一定啊！

现在出国留学的孩子越来越多，父母的牵挂一点都不会少，我们能做的就是嘱咐好孩子，没有什么比生命更重要，要老练智慧地处理遇到的突发事件，时时谨记：安全第一！

要乱到天上去吗

乱！脏！丢！

这是妈妈总结出的东东的三大特点，排在第一位的就是——乱。

先说丢东西这件事吧！

上小学后，妈妈就发现东东有这个毛病，直到高中快毕业了，仍没有任何起色。

小学时，妈妈恨不能去批发市场批发一大箱子铅笔、橡皮，因为东东几乎每天都在丢。到底丢了多少文具已无法统计。

再说说东东的"脏"。

这主要体现在他的衣服和脸上，直到现在，已是大小伙子的他系鞋带时，仍是单腿直接跪地，不管穿着多么高级的裤子，也不管地面有多脏，全然不顾。还有，他的那张脸，如果妈妈不提醒，恐怕一个星期也不会吧！

每次妈妈都会善意地告诫他，"多么白净漂亮的脸啊，只可惜长在一个懒惰的主人身上。你为什么不好好善待人家呢？"

听后，东东会不好意思地笑笑，然后继续脏——下——去。

最后，说说东东的"乱"。

书包、书桌抽斗、写字台、房间、衣柜……这些空间用一个字描述就是 乱，用两个字来描述就是——很乱。但东东一点都不在意，这些丝毫不影响他的学习热情和快乐。但爱整洁的妈妈却实在看不下去，无可奈何道："你不觉得这么乱很难受吗？"东东会说，"我不觉得啊！你看我找什么东西都能准确找到啊！"说完，他还会看着妈妈，继续用警告的口气道，"千万别给我收拾啊！收拾完，我会找不到自己的东西的。"

一次，妈妈实在看不下去了，就把东东的房间彻底收拾了一遍，一边收拾一边叹气，"唉，我真是担心将来儿媳妇会批评我啊！"

东东皱了皱眉头问："你说谁？"

妈妈故意大声说，"如果没有把自己的儿子培训好就交给儿媳妇的话，想想都会觉得对不起人家！"

东东这回听明白了，笑着说，"老妈不用着急，等我知道干净了，才谈恋爱呢！"

每天，妈妈都不厌其烦地提醒东东："洗脸、刷牙、洗脚后再睡觉啊！"

每当儿子外出，她就会盯着东东的眼睛，郑重其事地嘱咐："这个东西很贵的，千万别丢了啊！"

每次，东东都会认真地点头，但妈妈还是不放心。

说也奇怪，后来，东东真的不丢东西了，妈妈好像还有点不习惯了。

一次，她好奇地问，"你怎么不丢东西了呢？"

东东也有点吃惊道，"不知道啊！"

但"乱"的毛病却一直没改，只要去学校开家长会，妈妈都会带着一个空的购物袋子，趁老师和别的家长不注意时，把手伸到儿子书桌抽斗里，把他喝完的空瓶子、吃过的小食品包装袋、擦完鼻涕的纸巾、草稿纸等杂物一并装进购物袋里，统统带回家里再一一整理。

每当看到东东房间里散落一地的臭袜子、睡衣等，妈妈还是忍不住去收拾。然后一边收拾一边说，"干干净净的房间多舒服啊！"

东东就打趣地问："那你说，是丢东西好，还是乱点好？"

妈妈想了想说，"还是乱吧！"

东东大笑。

妈妈也很无奈，然后大声说："乱吧！乱吧！看你能不能乱到天上去！"

写给妈妈们：

尽善尽美自然不可能，但人们仍在努力追求着完美。这就和培养孩子一样，都清楚完美无缺的孩子不存在，但还是希望自己的孩子尽可能完美，此乃天下父母之心。

如果知道每件艺术品都因其不完美才构成其不菲的艺术价值，我们就会坦然接受孩子的这些短板了。

有时，我也不止一次地这样想：不去提醒他，东西丢就丢吧！丢了之后不再给他买了，看他怎么办？还有，以后不再监督他洗脸之类的杂事，不洗就不洗吧,看他到底能坚持多少天才会洗一次脸。从此不再帮他归置房间,乱就乱吧,看他乱到什么样子才会自己也看不下去。

这也只是想想,因为每次都是我自己先坚持不住。

那就一切继续吧!这也算是烦、痛、气并快乐着吧!

妈妈的话真有超魔力

东东正在书房写作业，妈妈则和客人在客厅里聊天。因为怕影响东东学习，妈妈起身去关书房的门。

她看了一眼东东说，"我们聊一会儿天，把门先关上，别影响你学习。"

东东说，"没事，我不怕声音，你们小一点声就可以，不用关门。"

东东一家人平时都喜欢敞着门，不喜欢关门。

"好吧！"说完，妈妈把书房的门虚掩着，又重新坐回客厅和客人聊天。

客人问，"东东学习一定很好吧？"

"嗯！还不错！"

"听说现在的孩子都不怎么喜欢运动，我们邻居家的小孩就不喜欢体育。东东这方面没有问题吧？"

妈妈稍微想了一下，说，"东东体育方面进步很大呢！"

东东听到大人们在谈论自己，就支着耳朵听，当听到妈妈说自己体育进步很大时，自己都笑了。

此前，东东的体育成绩很不好，他还因此和妈妈诉苦，"我的数学、语文成绩都很好，可体育就是不行，我甚至怀疑自己是不是天生就是一个体育差生啊！"

妈妈当然不同意儿了随便给自己贴标签，就说，"哪有什么天生的体育差生啊！坚持锻炼慢慢地就会好的。"

妈妈嘴上虽然这么说，心里比谁都着急。只是懂得心理学的妈妈首先想到的是，不管真实的情况怎么样，对于小孩子一定要采取鼓励的教育方法才是对的啊。

那么，关于体育成绩不理想这件事又该怎样鼓励东东呢？妈妈想到卡耐基的一句话：你希望对方是什么样的人，就按照什么样的标准去"唠叨"他，结果一定会成功的。心理学上也把这个方法叫作"吸引力法则"。妈妈决定采取这个法则扭转儿子体育欠佳的现状，要把一个体育差生"吸引"成体育优秀生。所以才有了开头，妈妈和客人夸奖东东体育进步很大的说法。其实，她知道东东一定能听到他们谈话的内容。

后来，在很多场合，妈妈都会刻意夸奖东东的体育成绩进步很大。东东一开始还表示疑惑，后来就默认了妈妈的说法，再后来，他竟然代表班级在学校运动会上跑了个两千米。

就这样，妈妈一直采用吸引力法则，不断肯定和鼓励儿子。这也使东东在不知不觉中信心大增。当然，有时候他不忍心，也不好意思辜负妈妈的期望。一件事，如果东东做对了百分之八十，妈妈就会夸奖和肯定他那不足的百分之二十，结果，不足的部分也会很快变得很好；如果东东做对了百分之五十，她就会夸奖和肯定那不足的百分之五十，然后，不足的地方很快也会扭转过来。那么，如果只做对了百分之十，怎么办？妈妈仍然会肯定和夸奖他，虽然扭转百分之九十需要费很大力气，但奇怪的是，最终那不足的一大截真的会被扭转过来。

由此，东东对妈妈抱有一种特殊的信任。他会经常和同学说，"我妈妈的话具有超魔力。"

写给妈妈们：

　　我们对自己所爱的人总是要求得比较严格，道理很简单，因为爱你，才会严格要求你；那些我不爱的人，和我没关系的人，我才不会瞎操心。

　　这话听起来，还真的很有道理。所谓"打是亲，骂是爱"，就是这么来的。于是，我们对孩子就会严格要求，做好百分之八十，一定给他指出那百分之二十的不足；做好了百分之九十，也会严厉地指出那百分之十的不足；做好了百分之九十九，我们也会毫不留情地指出那百分之一的不足。

　　可是，孩子的内心是渴望被肯定和被鼓励的。总达不到家长的要求，他们是很容易放弃的。

　　所以，家长千万不要把孩子的自信心消磨殆尽，更不能伤了他们的自尊。批评往往会使孩子心安理得地接受自己的缺点和不足，并采取"破罐子破摔"的策略。这绝不是做父母想要的结果，对孩子来说，结果更是毁灭性的。所以，努力成为一个充满正能量的家长、一个善用智慧的家长，学会夸奖、鼓励自己的孩子。这样做，一点也不难！

满脸写着"着急"

早晨起床后,想到还有十天就要中考了,东东突然烦躁起来,满脸写着"着急",嘟哝道:"真烦!快考完算了!"

爸爸接过话茬儿:"也快了,就剩十天了。"

东东更加着急了,"可是,万一没有考好怎么办?"

正准备愉快度过周末的妈妈也停下手里的活儿,看着儿子,不知该如何安慰他。

刚参加完家长会的妈妈听老师说,考前的孩子普遍会产生紧张和焦虑的情绪。其实,不只孩子,大人又何尝不是?真心希望"快点结束吧",同时也担心那"万一考不好"呢!

面对严肃的大考,家长和孩子的心理负担是一样重的。所以,妈妈先在心里自我安慰道:真的不用这么焦虑和担心,坦然面对,顺其自然就好。

想到这儿,她坐过来,和爸爸一起聊天。

妈妈说:"听老师们说,很多孩子考前都有点焦虑呢!"

爸爸说："那也得面对啊！不能因为焦虑就不考了吧！"

"当然。其实，细细想来也没什么，不就是一次考试吗？"

"是啊！中考比起高考还差得远呢！每年不照样有那么多考生参加高考吗？"

妈妈看了一眼儿子，东东一边翻书，一边听父母谈话。

妈妈清了清嗓子说，"人生就是这样，有很多事情无法避免，既然避免不了，还不如坦然面对。"

爸爸则有点不以为然道，"哪有什么大事！你要真的站在高处看，人生其实就有两件事算大事：一个是人生的开始（出生），一个是告别人生（死亡）。而且，这两件事又都是我们自己无法决定和控制的。所以，坦然，再坦然……是我们对生活和人生唯一的，也是最正确的选择！"

妈妈笑了，说："你今天的思想很有高度啊！口才也不错。"说完，她看着一旁的东东道，"你觉得爸爸说得有道理吗？"

东东说："我没听。我不知你们在说什么！"说完，他就转身回书房了。

爸爸和妈妈交换了眼色，捂着嘴，笑了起来。

不一会儿，书房里传出轻音乐的声音。妈妈走进书房，坐在儿子对面。

东东问："有事吗？"

"我得和你叨叨几句。"

东东故意面无表情地说："说吧！"

"'万一'不是不可能存在的，只是微乎其微罢了。再说，'万一'如果真的出现，又能怎样呢？咱不是继续有学上吗？你学习是为了什么？是为了成长，为了长知识。还有，考试只是验收你的学习现状，学成什么样就考成什么样，然后进入与成绩相匹配的高中，这是再自然公平不过的事了。所以，坦然面对这个公平验收就好。"妈妈推心置腹道，然后等着东东表态。

东东突然问："中午吃什么？"

妈妈一时没反应过来。

东东继续问："还有事吗？"

妈妈更加奇怪了，说，"我看你还是有点焦虑啊！所以想劝劝你！"

东东若无其事道，"谁焦虑了？不就是一个中考吗？又不是什么大事！"

妈妈一脸无辜，连忙道："对！对！对！是我有点焦虑。"

写给妈妈们：

人在情绪很好的时候，是不会轻易发火动怒的；如果处于焦虑和烦躁中，就很容易情绪失控。心里烦，所以要发泄出来，这对于发泄的人来说，是一件好事，总比憋在心里好。

孩子也会有情绪，繁重的学业和学习的竞争常让他们承受很大压力。所以，他们偶尔情绪不佳或者失控，父母既不要大惊小怪，也不能置之不理，而要耐心疏导。

还有，人都会选择向和自己最亲近的人发泄情绪，他知道最亲的人才会关心自己、在乎自己、包容自己。其实，焦虑就是一个释放的过程，把自己的情绪表达出来，是为了得到亲人更多的支持和理解。如果家长明白这个道理，就会正确地应对，乐于充当孩子发泄的对象，努力为他们减负，扫除心理障碍。如此，才是成熟家长之所为。

你们为什么不喜欢我

一个热心帮助别人的人，却人缘不好；一个自我感觉心底无私的人，却得不到周围同学的认可。

这事如果发生在你身上，你会不会觉得委屈？

这么倒霉的事还真发生在了东东身上。同样，他也觉得很委屈。好在，有妈妈在。他可以向妈妈诉苦，说说自己的心声。

妈妈也觉得很奇怪。小学时，这样的事也发生过，为何上了高中后，学习成绩遥遥领先的东东却再次落选"三好生"呢？

妈妈还是很心疼东东。她替儿子难过，却也冷静意识到，凡事必有因，孩子必定有其不足之处。

爸爸也替东东打抱不平，认为儿子绝不是自私之人，否则怎会有"东哥小课堂"呢？

"东哥小课堂"是东东利用午休和课间时间，给一部分同学讲解课上难点的小沙龙。特别是每次考试前，他都会应同学邀请，利用自己宝贵的考前复习时间，给全班一部分同学串讲生物课的知识点。而且，东东一直积极替班主任分担管理工作，很多同学甚至说他是"副班主任"呢！

所以，妈妈怎么也想不通，东东为什么不能得到全班同学的认可。她决定给班主任打个电话，了解一下具体情况。

班主任倒没把评"三好生"这事当成什么大事。妈妈解释道，"我的关注点不是东东为什么没有当选，而是想知道他为什么不被同学认可。这些原因以后也许会妨碍东东的发展。"其实，她还是想从儿子的自身寻找原因。

老师理解了妈妈的意思，也很重视。她找了班级几个同学，特别是对东东平时不够友好的同学了解情况。

隔天，老师给妈妈回复，"和几个同学都谈了，他们确实对东东有看法。总结起来就是，不否认他是学霸，但和其他学霸比，东东显得太高调，也表现得不够勤奋，难以服人。"

听后，妈妈很是诧异，因为东东在家的表现既勤奋又踏实，为何在学校反而给大家相反的印象？

妈妈将了解到的情况一五一十地和东东讲了。东东也承认，和其他几个学习成绩好的同学比，自己表现得确实比较活跃高调；还说，自己不是故意的，可能是性格使然。

至此，妈妈基本上掌握儿子落选"三好生"的原因了。是啊，别说孩子，就是大人也不喜欢高调的人，高调总会显得不够谦虚，也会给别人带来压力。

于是，妈妈和东东一起分析了同学们的心理。

妈妈说，"可能你的高调给其他同学造成了压力，让他们产生了反感心理。所以，不要怪同学，你以后还是要注意一些。"

东东有些不服气道，"这就是我的本色。再说，我为什么一定要低调啊？"

"如果你遇到不高兴的事，有同学不顾及你的情绪，在一旁大声说笑，你舒服吗？"

东东想了想说，"那可能不会舒服吧！"

"如果某次考试，你考砸了。然后，一个考得很好的同学在你面前炫耀，你是怎样的感受？"妈妈又问。

东东似乎恍然大悟，随后坦言："明白了。我平时还真没想那么多。"

最后，妈妈笑着说，"中国有中庸文化的根基，大家都喜欢低调的人，高调的人确实让人产生压迫感。为了抵制这种不适感，有些同学就会在投票时，表现出来。"

终于，东东被妈妈说服了，诚恳道："好吧！看来我以后得学会好好做人。"

写给妈妈们：

因为太爱自己的孩子，家长往往无法忍受他们受到委屈。但成长是孩子自己的事，我们无法操控和替代。真正爱孩子的父母要学会客观而冷静地分析他们遇到的委屈。

人生在世，改变别人总是很难，我们能做的是先改变自己。之于孩子，什么需要改变，什么不能改变，需要父母运用智慧来判断和取舍。不分青红皂白地一味批评压制孩子，会让他们更加委屈，从而使之丧失个性，变得懦弱；但一味纵容、强调外因，与孩子完全共情，也会让他们更加迷失且继续受到伤害。

通过适当的调研，掌握真实情况，家长才会尽可能客观地了解孩子。然后，冷静客观地帮他们进行分析，从长远利益出发，塑造修炼他们。这才是理智的爱。

人为什么要生病啊

东东一家都不愿意去医院。也是，哪有人喜欢去医院啊？可最近，妈妈的免疫力好像很差，经常会生病，竟然成了医院的常客。

这天起床后，妈妈明显感到感冒症状加重，浑身疼痛，丝毫提不起精神来，于是说，"东东，你陪妈妈去医院吧？"

爸爸主动请缨道："还是我陪你去吧！东东还是一个孩子，怎么陪你啊！再说，医院这样的地方，小孩子尽量少去。"

妈妈则执意要儿子陪，而且，东东自己也表示愿意做妈妈的"护花使者"。

来医院看病的人真是多，妈妈找到一个空位坐下，让东东去挂号。

东东排队挂号，妈妈耐心地等。挂好号，东东又陪妈妈去就诊室。然后，就是缴费、化验、取化验单、取药等等。看完病，妈妈表扬了东东，"谢谢你陪我来，跑前跑后地办理各种事项，真是辛苦你了！"

东东说，"妈妈病了，我就应该照顾妈妈啊！"

母子俩相携着往家里走。

东东边走边若有所思道,"妈妈,人为什么要生病啊?人如果不生病,该有多好啊!"

妈妈一时也不知如何回答儿子,就问,"你觉得生病是一件坏事?"

"是啊!看到很多病人痛苦的表情,有点难过。"

"嗯!这个好像也是没办法的事。"

东东在慢慢长大。

在十七八岁后的某一天,东东突然和妈妈共同回忆起童年经历的很多事。

东东说,"童年里最怕的就是妈妈生病。"

妈妈内心一震,是不是那时过早让儿子陪自己去医院看病,导致他的心灵受到了某种伤害?

妈妈问:"你当时很害怕吗?"

"是的,担心妈妈呗!"东东接着说,"但也是从那时起,知道生活有很多面,人生中不都是好事,身体也不会总是健健康康的。还有,如果病魔真的来袭,也只能承受和积极医治了。没和妈妈去医院看病时,觉得身体好是一件很正常的事。看到那么多病人后,就会对自己的健康充满感恩。后来即使遇到很不开心的事,一想到还有很多人在生病受苦,也就不觉得自己有那么痛苦了。"

妈妈听后,深受感动,心想:这就是生活的本来面目。让孩子多经历一些事情,当痛苦真的来临时,他们可能就不会感觉那么可怕了。

常陪妈妈去医院看病的东东体会到了妈妈的不易,更加疼爱妈妈了,自己也因此变得更加自律自强——他不想妈妈为他太过操心。看着生病的妈妈,他会觉得其实妈妈也没有那么强大,他要更加独立自强,尽快成长强为参天大树,为妈妈遮风避雨。

妈妈也发现,经历此事后,东东确实长大不少。至今,她也没办法解释人为什么会生病,但她亦不后悔让儿子陪自己去就医。

写给妈妈们：

没有经历就不会成长。

由于爱孩子，因而不忍心让他们去"经历"，还希望其能不断成长，这实在是矛盾的。

情商、责任感、抗压力……这些修炼是很难靠说教完成的。只有切身经历、体验过，才能变为自身的财富。孩子只有亲眼看到父母的快乐和痛苦，才会产生真实的情感经验；只有承受过压力，才能磨炼出坚强的意志和不屈的信念。

所以，请放手并舍得让孩子去经历人生的更多风雨，尽早打造他们坚韧的心理和身体素质，以及具体的办事能力。

你是最棒的

中考结束后,东东顺利考入了理想的名校理科实验班。可没高兴几天,妈妈就发现儿子有点焦虑。

"高中的学习生活遇到问题了吗?"妈妈关切地问。

东东竟然也说不清楚,嗫嚅道:"好像也没什么具体问题,但又好像有很多问题。"

妈妈也有些糊涂,遂道:"那就说说你的感觉吧!"

东东说,"每天的学习都很正常,但好像没有初中时那种出类拔萃的感觉,甚至还感觉自己有点不够优秀。怎么班级的同学都那么厉害啊?"

妈妈突然想起东东初中班主任说的话,"名校的孩子都是从各个学校考过去的学习尖子。所以,很多同学到了新环境后,会发现大家都很优秀。如果不是特别自信,是很难出类拔萃的。"

想到这儿,妈妈深深地点了点头,基本上明白东东为何深感失落和焦虑了,但她没有立刻说话。

几天后，一个周末的傍晚，妈妈漫不经心地和东东说，"和你说一件我读高中时候的事啊！"

东东饶有兴趣道："你还记得啊？快说啊！"

"妈妈在当地那个初中学习成绩是数一数二的，也是以很高的成绩考入高中的。"妈妈见东东很认真地听着，故意停顿一下，接着说，"结果一上高中，我发现自己完蛋了。"

东东紧张地看着妈妈问："怎么完蛋了？"

"我发现自己不但不是数一数二的了，而且新老师讲课我竟然有点听不懂。老师提出一个问题，我还没想明白呢，已经有很多同学举手回答了。"

"那是怎么回事啊？"

"是啊，当时我也想不明白。也许是自己的智商不如别的同学吧！"

东东问，"那你就认了？后来呢？"

"不认不行啊！当时我就想，好好努力，尽力而为吧！上课时，高度集中注意力，把自己完全投入进去，实在听不懂的问题下课后反复问老师，只能这样一步一个脚印地往前走。"妈妈停顿了一下，清了清嗓子，大声地说，"结果……"

东东有点急切地问，"结果怎么了？"

妈妈高兴地说："结果期末考试，我竟然进了前五了。"

东东真心地替妈妈高兴，也有点不解，就问，"可你是怎么做到的？"

"其实也没什么奇怪的，一是强中自有强中手，其他同学也都不弱；二是，我后来发现自己属于慢热型，到了新年级或换了新的老师，都会适应一段时间。关键是，在适应的时间里，我起初可能会比一般同学表现得差些，但不急不躁地坚持一段时间后，一旦适应了新环境，我的成绩很快就上来了。"

东东听后，想了想说，"那我好像遗传了你的这个特点。我发现自己也正处在适应新环境的阶段。"

妈妈表示赞同道："很有可能！因为你是我儿子嘛！你最后的结果也一定和我一样！"

就这样，东东把不安和焦虑暂时放下了。

他每天早晨六点起床，半小时后从家出发，坐公交车赶到学校，在学校食堂吃完早饭，再去上课。下午六点多放学到家，吃完晚饭放松一下，继续学习。学习生活好像过得充实而快乐，因为总能听见他哼唱小曲的声音。

过了一段时间，妈妈若无其事地问东东，"最近感觉怎么样啊？"

"班级聪明的同学真是多啊！各种特长生都有，但我表现得也不差。"东东的语气很轻松，还总结出自己的优点，如听课认真投入、学习方法不错、和老师沟通顺畅、学习深入不浮夸等。他还说，现在还不是自己的最好状态，等再适应一段时间后，坚信会更好。

妈妈情绪饱满地道："当然，你是最棒的！"

写给妈妈们：

鼓励，特别是策略性的鼓励，对一个孩子来说意义非凡。他们接受了怎样的自己，就会成为那样的自己。

如果我们告诉他,在人才济济的名校和班级,能跟得上就可以了,他就会给自己设定那样的定位;如果我们告诉他,即使现在的他还不够好,但未来的他一定会很好,他就会不断努力成为心目中那个更好的自己。只是,当他们在学习和生活方面遇到挫折时,身为家长千万不要与之一起急躁焦虑,而是要冷静下来,帮他们分析情况,然后制定出改进的策略,更不要急于带着孩子"乱投医"。孩子出现一些暂时性的问题并非"生病",不过是需要一段自我调整和适应的时间而已。

到底什么职业好呢

　　小学时，东东憧憬的未来职业是汽车售票员或驾驶员；初中后有一段时间，他喜欢当节目主持人；到了高中初期阶段，又想成为科学工作者。

　　对此，他自己也有点迷茫，问妈妈，"到底什么职业好？"

　　妈妈想了想说，"你喜欢什么职业，什么职业就是好的。"

　　那么，东东到底应该怎么选择未来的职业呢？

　　妈妈很早就发现东东的语言能力很强，当他说长大后想做一名电视主持人时，妈妈就说："好啊！"后来，东东对钻研这件事很投入，妈妈便觉得他的思维极其缜密。所以，当他说想当个科学工作者时，她就说，"做一名科学工作者也不错啊！"再后来，她发现东东的文笔也不错，就又说，"你如果想当一名专业作家也是可以的！"爸爸则发现东东的乐感很好，甚至还想让他成为一名音乐工作者呢！

　　就这样，东东对很多事情都充满了热爱和激情，一边憧憬着众多职业的美好，一边继续高中学业。其间，妈妈从不打击他，只要他有想法，妈妈就会创造机会让他去接触。

那么，一个人的未来职业到底该从何时开始规划呢？众说纷纭，其实，不管从何时开始，反正到了高中后半段，也就是报考高考志愿前，势必要确定下来。此时，孩子已接近成年，兴趣和性格等也基本定型。最重要的是，眼看就涉及报考哪所大学和哪个专业的问题了。此时若还不能确定下来，就无法很好地填写高考志愿书。从长远来看，这也会造成人力资本投入的浪费。所以，最好在高考前制定好孩子的职业规划，让他们认准看清自己的人生第一步。

如果孩子自己想好了未来的职业目标，并且在这方面又有明显的优势，那是再好不过的了，作为家长支持就好了。但大部分孩子在报考高考志愿前，并不明确自己到底喜欢什么、适合什么，或更多地考虑将来哪些专业好就业、好挣钱云云。此外，还有很多年轻人惯于听从父母的安排，缺乏主见。这未尝不是一种人生，只是有点遗憾罢了。

东东在面临这个问题时，妈妈明确地告诉他，"十八岁的你是成年人了，以前关于职业的各种想法都是憧憬和预演。现在，你需要认真思考这个问题，并由自己最终拍板定下来。但妈妈愿意当东东的助手，帮你理清思路，并提供分析工具。"

妈妈还把自己的想法和东东交流了一下："你要把自己的人生过得精彩，你要实现自己的社会价值，你要勇敢地承担起社会职责，你要让自己这块料儿用在时代最需要、最能发挥自有特长的地方，但也得是你自己喜欢的。"

东东说"明白了"，并开始认真思考这个问题。其间，妈妈一直是他的免费咨询员和资料助理员。

写给妈妈们：

有时，会很不甘心，心想：我这么聪明的一个人怎么就没有成就大业呢？

很多人感到"不得志"，其"元凶"和罪魁祸首就是当初没有做好自己的职业规划。

有规划的人生和没规划的人生结局截然不同，对于一个面临高考的孩子来说，职业规划至关重要。一个好的职业规划，要了解社会和时代的需要，了解自己的真实特点，了解自己想要从事职业的内涵和必备条件。实现这些，有时需要向专家求证，有时需要运用一些心理学工具做测试……这真的不是一件小事，而是一件认真严肃，并且系统科学的事情。这关系到孩子一生的发展，家长务必要重视起来。

很多家长会说，我们当然重视，但不知该如何帮助孩子。那就请教一些专家和亲朋好友，再借助互联网上的公共资源加以分析。一定要有这个意识，就怕想不到，没有做不到。

"职业规划"这么做啊

东东读高二的时候，学校统一安排了一个职业规划周。

因为妈妈是心理咨询师，对"职业规划"这个专题很熟悉，就提前给东东做了一些指导。

老师发现东东在这方面的一些优势，便让他在整个职业规划周的活动中担任学生总联络人，协助老师开展各项活动。同时，他也因自己的职业规划做得比较规范，在职业规划周宣讲大会上和全体同学分享了经验。

以下便是东东的个人职业计划书：

个人职业生涯规划实操分享

（高二·八班　东东）

一、尽早规划职业生涯的必要性

1. 概念：我所理解的职业规划就是帮助我们认识自己，知道我是谁、我想干什么、我能干什么、我怎么干才能成功。

2. 第一个必要：了解真实的自己。通过职业规划，可以更好地了解自己，了解所面对的外部世界；确定符合自己兴趣与特长的生涯路线。

3. 第二个必要：确定人生的目标。通过职业规划可以给自己制定一个恰当的人生目标，使我们前进起来更有方向感和动力，帮助我们从现在走向未来。

4. 第三个必要：方向、动力、计划。通过职业规划可以使我们朝着一个明确的方向，动力十足地逐步靠近我们的人生目标。

5. 第四个必要：使我们在不知不觉中具备了核心竞争力，提升成功的机会。

综上，职业规划就是我们北京四中每个学生实现"做杰出中国人"理念的落地途径。

二、我是如何完成自己职业规划文案部分的

1. 职业规划不是一件事，它是一个过程。

（1）自我分析。这是最重要的环节。了解自己很难，这里有一个误区，很多人都以为很了解自己，实则不然，你很可能对自己知之甚少。那怎么办？借助人力资源专家和心理学专家专门研究的科学手段和方法，给自己做全面的测试，从而了解最真实的自己。

（2）了解社会客观环境。我的理想是做一个通过科学手段多少能改变世界的人。经过自我的了解和测试，我惊喜地发现真实的我和这个理想很匹配。于是，我就开始分析当今的客观环境，最后发现这样几个名词：社会、教学、公益、分享。

（3）确定目标：做一个学者。

（4）行动：从现在开始努力学习，必须够得上我理想学校、理想专业的录取线，然后才有精力做更多。

从此，为了我的职业目标，我要沿着这个方向，动力十足、集中火力地前行，一步步靠近我的目标。

三、我是如何让自己的职业规划实现落地和通过检测的

1．要先有想法。

2．一定要有行动。停留在想法和想象阶段的职业目标总让人感觉不真实，变成真正的目标也会有风险，所以要进行"落地"体验，要去"检测"。

3．行动方式。可以求助父母、老师、亲友……总之，要学会利用身边的资源为自己服务。

（1）比如我自己，就通过求助父母，联系上了北大的某知名教授，得到对方的接见，询问了不少问题。

（2）在之前的某个周末，我在理想中的北大某院系大楼附近，主动认识了一位"未来的学长"，看了看他们的大学课本，了解了一下今后所学专业的内容与我之前的想象是否一致。

（3）我又找到已从该专业毕业的博士生，与之详细地交流了一番，主要了解了行业的地位、待遇和工作状态，看看是否是自己想要的。

（4）我还去北大旁听了一节课，然后和"学长"一起去实验室观摩体验了一天。

四、确认职业规划目标

这个是最简单的，因为通过以上各环节的工作，最后的职业目标答案就顺势浮出了水面，只是最后确认一下。

写给妈妈们：

造物主的用意是人尽其才、物尽其用。

我们只有从事适合自己、自己又喜欢的工作，才会感到幸福。但又有几人能如此幸运地实现这个目标？

以上说的是我们这些90后的家长。我们择业就业的年代没有太多选择的机会，亦无如此科学的理念和对人对己的尊重意识。社会发展到今天，时代给了孩子们更多的选择和机会。各种科学辅助工具更能直接告诉我们，什么是最适合孩子的。

每位家长都应鼓励、帮助孩子去设立他们喜欢的、适合其自身发展的职业目标。唯有如此，孩子才能成就自己。家长一定要替孩子把好关，就算是为他们把好最后一道关吧！让他们选对职业，从此踏上良性的人生发展轨道。

庄敬日强

高考备考中的东东，因不断受到妈妈的鼓励和安抚，精神状态很好，乐观积极。但最突出的一点，还是认真细致、踏实严谨、不急不躁。老师们也正是看到他的这点，在最后冲刺阶段的升旗仪式上，让他代表全体高三学生做一个高考动员发言。

以下，是东东的那次发言稿：

庄敬日强

北京四中高三·(8) 班　东东

尊敬的各位老师、亲爱的同学们：

大家上午好！

首先自我介绍一下，我是高三·(8) 班的东东。

受高老师委派，今天在这里，我想和大家分享作为一个正式高三学生，也就是明年的高考生，此时最想说的一些话，以此和同学们共勉。

这些话用四个字来概括，就是：庄敬日强。

庄敬日强，是指我们对待学习要有"庄严持重、敬慎严谨"的态度，只有这样才能"每天进步、日渐强大"。

"庄敬日强"出自西汉的《礼记》，这简单的四个字是先人给我们留下的一笔宝贵的精神财富。它是过去我们国家繁荣、文化昌盛的秘密武器，同时也是我们民族缺失很久的一种精神、一种宝贵的个人内在状态。

我倡导，从现在起，从今天起，从我们四中起，从我们这届高三学生起，重新唤起"庄敬日强"的精神内涵，让我们重新寻找中国梦实现的根本。

在准备这篇发言稿的时候，我有幸分享了八年前，我们四中一个叫王晓峰的校友在2006年新生教育活动中的一个发言稿。这位学长当时也是以"庄敬日强"为题进行的发言。他是我们四中98级的学生，2001年从四中毕业，考上清华。他在发言稿中提到："我上高中的时候是非常刻苦的，平均每天学习十几个小时，还要用三个多钟头的时间看课外书，睡觉的时间一般不超过五个小时。虽然听起来比较夸张，但是，至今我对高中打下的方方面面的知识基础，还是非常满意的。"

我虽然不认识这位前辈，也不知他现在发展得如何，但我想说的是"庄敬日强"，这是我们四中人的共同理念。

庄敬，就是要"庄严持重、敬慎严谨"，指的是学习的每一个细节，包括课堂上仔细听讲、课后认真做作业、完成每一道难题、理解每一个知识点。不只在高考考场上，其实每一次期中、期末考试，我们都会发现考的都是你是否完成了知识的积累，是否深刻地理解了老师教的每一个知识点，是否吃透了每一道难题的难点。而要把这些考试的拦路虎击退，唯一的方法就是在学习的时候，时刻保持庄敬——庄严持重、敬慎严谨。

日强，就是让自己每天进步强大。有人说这次考试没有考好，是太倒霉了，是运气不好，状态不佳。其实不然，道理很简单，没有每时每刻的"庄敬"学习态度，就不可能收获每天的进步。

分享一下我个人的学习经验。在分完文理科的高二，包括刚刚高三的开学考试，我的成绩并非每次都能在年级或班级取得第一，但我从来没有大起大落过，这得益于我对学习的"庄敬"态度。有人说我不够勤奋，我说那是你没有看到我在课堂和完成作业时的"庄敬"态度。我把这个叫作学习方法和学习态度。高一至今，我从来没放过一个知识难点。偶尔的马虎和浮躁，都会给我教训，对于每次不理想的考试成绩，我心里很明白，就是没有做到"敬庄"二字。

同学们，距离高考还有八个多月，两百多天，2014年6月6日，这个距离我们人生最近的一个目标，在等待着我们。那一天，需要我们四中的高三学子们强大起来，而那一刹那的强大，是每天都需要积攒实力的"日强"过程。唯有现在的"庄敬"态度是最佳实现渠道，让我们从今天起，把"庄敬"放在心中，那我们自然会做到勤奋刻苦，自然强大，即"庄敬则日强"。

我们四中的同学都是最优秀的。我们应该勇敢地扮演属于自己的中国梦角色。让我们携起手来，成为最好的学习伙伴、最佳的高考团队。在明年的高考中、在我们未来就读的大学里、在未来的社会上，我们也是最棒的。我们都应该成为杰出的中国人。

谢谢大家。

写给妈妈们：

庄敬，作为中国传统文化的精髓之一，是老祖宗的切身体会。我们因为强调创新，往往对传统的东西不屑一顾，殊不知，那是祖先留给我们的、最值得珍惜的东西。

要想让孩子做到"庄敬"，家长要率先"庄敬"起来。孩子有时不看我们怎么说，而看我们怎么做。用自己"庄敬"带动孩子"庄敬"，他们会因此受益一生。

怎样的父母才是最好的父母？

能够让孩子一生视为榜样的父母，才是真正称职的父母。有点难，但很值得，因为这不只成就了孩子，也成就了我们自己的人生。

课间变成茶歇时间

生活不是从高考后开始的。

这是高考前负责东东思想和后勤保障工作的妈妈常说的一句话。她还把"高考"叫作"秋收"。

妈妈这样和东东阐述:"孩子从六岁开始上学,到十八岁整整经历了十二年的校园生活,高考就是对这十二年学习生活的总验收。你到底学得怎么样、究竟有多大能力,在高考总结阶段如实发挥出来就好了。考场之上就是秋收。

听妈妈这么说,东东从容淡定多了,对未来也充满信心。但他还是有些担心地说:"原来高考就是这么个东西啊!不是经常听说有人考场发挥不好之类的事情吗?"

妈妈说,"那样的个例太少了,纯属天灾人祸,发生在一般人身上的概率是很低的。"

"那会不会有考题出偏了,或者出点其他防不胜防的事情?"

"不会的。说得通俗点,高考就是秋收!已经播种了十二年,高考时就等于把成果给收获了。"

东东听后笑道,"那你想要一个什么样的'果'啊?"

"收什么样的'果'不是我说了算,你才是园丁啊!"

东东一听就不说话了。

妈妈赶紧给东东减压道:"其实,这'果'早就长成了。"

东东有点费解地看着妈妈,"嗯"了一声。

妈妈说,"你收获的果实肯定错不了。你想啊,你一直都是一个勤奋优秀的园丁,地种得那么好,还担心秋天的收成吗?"

东东听后,放心地笑了。

所以,即使在高考冲刺的日子里,东东家的生活该怎么过还是怎么过。东东还是继续延续着自己快乐的学习方式,该放松也放松,只是每天的学习时间比以前多了些。

"双十一"期间,当人们热火朝天地在电商平台抢购时,东东也悄悄为自己购置了一瓶很久就向往拥有的香水,当然是用自己平时考试挣的奖金买的。这件事,东东没有和妈妈商量。之前就说好了,在他成为大学生之前,支配压岁钱的金额在两百元以下的不用报批,可以自己做主;超过两百元的要报批一下,获准后方可执行。妈妈是在几天后才发现东东的书架上不知不觉又摆放了一瓶新的香水。

似乎因为香氛的作用,东东每天早晨更加有精神了。穿好校服后,就偷偷地喷上一点,精神抖擞地走出家门。

东东走后,妈妈心里开始嘀咕:高中生允许喷香水吗?但她并没有贸然干预。她是这样说服自己的:高考的孩子够苦的了,自己给自己找点乐子还被制止,会不会显得不人道啊!

晚饭时,妈妈还是没忍住,小心翼翼地问东东:"学校对学生上学喷香水是怎么规定的?"

东东明白妈妈的意思,说自己只是喷了一点点,只有邻桌的同学能闻到。

而对方的态度显然是欢迎的，说清新的香水味总比汗臭味让人头脑轻松和愉悦。

妈妈微笑着说，"也是！"

第二天，快递又送来了包裹，是一种包装很讲究的红茶。

妈妈吃惊地问东东："这是你送给我们的吗？"

东东说："如果你们喜欢也可以喝，我原本是打算把这个拿到学校去，想和同学一起分享。"

"中学生在学校也喝茶吗？"

东东介绍说，他们有四个同学是好朋友，都喜欢喝茶。为此，大家都换成适合沏茶的杯子了，每到课间就会享受一下茶歇，感觉还不错。

妈妈听后，立刻竖起大拇指说，"中学生给自己安排茶歇，了不起，我必须点个赞！"

写给妈妈们：

高考考生的心态是什么样的？答案是，紧张和焦虑。

紧张、焦虑就像两个魔鬼，侵蚀了我们的平静和快乐，让我们的自主神经系统不舒服，心情不明朗。还有，对一件事过于关注，常使我们内心高度紧张，甚至动作走形，结果也会适得其反。

所以，面对高考考生，家长要在他们面前放松心态，这对孩子的影响至关重要。即使关心孩子，也没有必要把家庭氛围搞得紧张严肃，这会给他们增加心理负担。做到这些并不难，只要我们牢记：生活不是从高考后才开始的，高考也是生活的一部分。

四菜一汤和公交论坛

高中阶段，要学会做四菜一汤。

这是东东给自己定的一个高中阶段的目标。

东东学会的第一道菜是"可乐鸡翅"。这个菜的做法非常简单：准备好鸡翅和可乐，适量的八角、姜、葱段和料酒；然后将鸡翅洗净，放入葱姜水中煮沸了捞出，沥干水分；锅内放少许油烧热，放入鸡翅，煎至外皮两面泛黄，再倒入可乐，并没过鸡翅即可；再加入酱油、大料、葱段、姜片，大火烧开后转小火，最后炖至汤汁浓稠即可。

东东把做好的可乐鸡翅端给爸爸妈妈吃。看着色泽诱人的鸡翅，真是让人胃口大开，而且口感确实不错。他们吃着儿子亲手做的人生第一道菜，深感幸福，更没忘夸奖一番。

东东学会的第二道菜是炝炒土豆丝。

他的刀工不好，每次做这道菜都要请妈妈做"切墩"。他会把妈妈切好的土豆丝放入盆里，加入清水，没过土豆丝，然后加入一点醋和盐，浸泡五分钟。他说，加醋和盐的目的是为了除去淀粉，让土豆丝更加爽脆。然后，再在一个空碗里加入一勺盐、一勺糖、一点生抽、少许醋，搅拌均匀，备用。在炒锅里加少许油，加入辣椒煸一下后，倒入土豆丝大火翻炒。最后加入调好的汁，出锅前再加入点蒜粒。

东东烹制的土豆丝还真是味道浓郁，美味可口。他还和妈妈说，炒菜时要坚持少盐大火，这样可以减少维生素的流失，而少盐对健康有利。

妈妈笑着说，"看来学霸做菜也要有理论指导啊！"

就这样，东东学会了两个菜，还差两个。怎么办？

为了满足东东的烹饪欲望，成全他因做菜产生的成就感，周末，妈妈都会把菜切好，隆重地请东东大厨来掌勺。每当这时，东东都会夸张地舞动着炒锅和菜铲，像在表演似的，那感觉就如自己是米其林餐厅的大厨一样。

东东每次把炒出的菜放到餐桌后，都不会先吃，而是用期待的目光望着爸爸妈妈，问："怎么样？好吃吧！"

爸妈都会做出夸张的表情，连声不迭地说，"太好吃了！"

此时，东东显得意得志满。

至此，他已圆满完成自己学会"四菜一汤"的目标。

再说说东东的第二大爱好——关注公交论坛。

这是东东从小学就开始，并一直坚持下来的业余爱好——真是为北京的公交发展操碎了心啊！

其实，东东热心公交论坛，爸爸妈妈也是受益者。每次出行，都要问儿子怎么走，并完全遵从他规划的路线，从来没有出过错。

后来，东东还把这一爱好扩展到关心全国的交通状况。

一次，妈妈出行到辽宁，在某县城迷路了，晚上把汽车停在一片漆黑中，然后惊恐地打长途问儿子该怎么走。东东问了附近的一些参照路标后，竟然给远在几百公里外的妈妈指明了道路。对此，妈妈真是既佩服又感动。

东东的爱好没受到高考的丝毫影响，在紧张的备考阶段，他反而借此给自己放松、解压。妈妈很理解他，也没进行过任何干预。

写给妈妈们：

让孩子尽早融入家庭生活，给他们机会，给他们耐心，鼓励他们动手，让他们从做菜这样的小事上体会到生活的琐碎和美好。

生活中有太多乐趣，没有参与就体会不到；不是孩子能力差，不是孩子不热衷，而是家长因嫌麻烦，索性不给他们任何机会。

人的生活情趣最好能从小培养，而孩子们的兴趣爱好很容易被大人抹杀。"那有什么用""不务正业""耽误学习时间"诸如此类都是家长的口头禅。可等孩子长大成人了，可以做主做点"不务正业"的事了，却全无兴趣，他们已经错过了最佳的培养期。所以，从小鼓励孩子的小爱好，能让他们一生的生活都丰富多彩起来。即便在最重要的某些时刻，也不要轻易改变孩子的爱好、习惯，殊不知，那对他们有特殊的作用，只有孩子自己知道其中的价值和作用。

高考马拉松赛程

只要不取消高考制度，中国的孩子就不可能完全脱离应试教育的模式。

这是一位教育工作者的心里话，也指明，教育和高考制度改革任重道远。

陪东东一路走来，妈妈从未奢望过儿子能完全摆脱应试教育。

"高考这件事也不见得都是负面的东西，它的主流作用和价值还是不错的。"这是母子俩交流时达成的共识。

既然高考不可避免，那就好好应对和规划吧！这是妈妈和东东达成的又一共识。

一天晚饭后，妈妈开始琢磨如何将东东的高考之路设计得轻松而愉快。既要想办法帮助他取得好成绩，又要化解高考带来的压力。

爸爸也说，"'现上轿现扎耳朵眼''一夜吃个胖子'都是不可能的，高考是一个过程，更像一个马拉松比赛。"

听后，妈妈眼睛一亮，说："对！还真就像是一场马拉松比赛。"

"东东的马拉松赛程"的说法应运而生。接着，妈妈和东东把整个"赛程"

分解成一个个小目标。如此，让东东心中有数、眼中有目标地投入到整个赛程中，并享受这个过程。

"赛程"拟定后，妈妈将其打印出来，挂在东东房间的墙上。

以下就是具体内容：

东东的高考马拉松赛程

赛程目标：超越自己，拿到自己最好的成绩。

赛程口号：盯着每个分站点，踏踏实实地跑好每一步，冲向每个分站点，直至终点。

第一站：2012年9月~11月，高一年级上学期期中考试；休息、国内旅游、美食、游戏……

第二站：2012年11月~2013年1月，高一年级上学期期末考试；休息、出国旅游、购置图书、看书、弹吉他、唱歌……

第三站：2013年3月~4月，高一年级下学期期中考试；休息、美食、卖呆、看大片……

第四站：2013年4月~7月，高一年级下学期期末考试。

第一个总休息区：奖励、美食、总结、反思、计划……

第五站：2013年9月~11月，高二年级上学期期中考试；休息、去看看姥姥、国内旅游、美食、冒险……

第六站：2013年11月~2014年1月，高二年级上学期期末考试。

第二个休息区：放松、旅游、兴趣爱好……

第七站：2014年3月~4月，高二年级下学期期中考试；休息、学做饭、唱歌、篮球……

第八站：2014年4月~7月，高二年级下学期期末考试。

第三个休息区：总结展望、计划、休整……

第九站：2014年9月~11月，高三年级上学期期中考试；休息、计划、收拾书架、听音乐……

第十站：2014年12月高考报名；休息、自由活动、计划、零食……

第十一站：2015年3月~5月，高考一模、二模；休息、留意"北大博雅推荐计划"。

第十二站：（终点）2015年6月7日高考。

终点总休息区：等待大学录取通知书。

就这样，从高一起，东东就按照和爸爸妈妈共同商定的十二个"高考马拉松赛程"，稳扎稳打，不急不躁跑好跑完每一站。每当开始新的赛程，东东不会把眼光放得太远，而是把目标落实在本段赛程的终点，然后踏踏实实完成任务。跑完每个赛程后，他会按照计划进行休整和总结，再开始新的赛程。

2015年7月，东东终于等来来自北京大学的录取通知书，整个赛程圆满结束。

写给妈妈们：

　　人生需要规划，孩子的学习同样需要提前安排和计划。高中生活伊始，家长和孩子就要一起进行周密的计划，如何把这段特殊时期过得张弛有度、淡定从容、丰富多彩、了无遗憾……这会非常有意义。

　　这种规划不只是孩子时间上的分配，也要方便家长进行陪伴。要设法使自己的工作节奏与孩子的时间表一致，如此方能共同度过一个放松而快乐的亲子时间。

　　当然，还有资金计划，有些活动是需要资金支撑的。不要舍不得花钱，只要对孩子的人生经历富有意义，任何的投入都是值得的。要有所计划，量力而行。

　　策划和创意同样重要。很多本是枯燥的事情一经策划，就会变得非常有趣了。如果我们在孩子的高考马拉松赛程阶段不便参与，那么，在休息区的时段里，务必和孩子一起度过放松而快乐的时光。

零食筐和满墙的喵星人

高考倒计时的第119天，也是东东高三上半学期期中考试后，学校召开了家长会。妈妈依稀记得，开会礼堂的LED宣传栏里显示着此次家长会的主题：放飞理想，守望孩子。她心想，不用说，"放飞理想"肯定是说给孩子的，而"守望孩子"是说给家长的。

果真，会上，负责高考班的年级组组长高老师特意给家长们解释了"守望"的含义。

所谓"守望"，就是家长不能每天不懈地盯着孩子，时刻监督，不停地给他们施压。当然，你也不能不管，关键是要掌握好分寸。正确的"守望"方法是在远处看着孩子，从远处关注孩子，不要走得太近。

回家后，妈妈开始琢磨自己的"守望"方法。

每个孩子的个性和特点都不一样，需要父母守望的内容和具体方式肯定也不同。妈妈用心盘算什么才是东东所需要的。

东东以前都会在晚上十点准时结束一天的学习生活，上床休息。最近情况确实变了，他几乎都要在晚上十一点才结束学习。

想到这儿，妈妈决定给儿子置办点夜宵，这样，每天学习到深夜饿了，可以吃点东西再睡觉，胃里舒舒服服的，总比空着肚子睡得踏实。为此，妈妈在东东的房间放了一个零食筐，筐里放进了各种他爱吃的东西。

但吃什么？怎么吃？也是需要研究的，既要有营养，又不能吃得太胖了。高考期间，运动量明显减少，每天坐着用功，既需要营养，又不能堆积太多脂肪。美食对一个孩子来说，永远意味着奖励和诱惑，甚至是孩子对妈妈的另一个解读：妈妈就等同于好吃的。

学习环境对一个孩子来说也很重要。学校的环境家长控制不了，也无须担心，那里本身就是学习的地方。家里的环境同样至关重要，孩子在家学习的时间也是很长的。家里的环境包括软环境和硬环境：软环境就是近期不在家里安排过多"迎来送往"的事，要尽可能地保持安静；硬环境就是孩子书房内的氛围。

如何把东东的房间布置得安静而又温馨？想到他特别喜欢猫，看到各种猫咪后，他总能放松和安静下来。于是，妈妈就在墙上贴出很多可爱的小猫漫画，满屋的喵星人甚是可爱温馨。

就这样，有美味的零食筐，有满墙的喵星人，还有妈妈偶尔不定时送进屋的热饮，或是切好的水果盘……它们就这样陪伴东东度过了最苦的备考阶段。

写给妈妈们：

在自己的能力范围内，努力为孩子做点什么，让他们的每段艰苦的学习时光尽可能变得温馨、快乐、放松。

通过这些"守望"，让孩子不只感到身体被照顾，更能体会到来自父母的爱。这些爱会赐予他们力量，也会让这段高考生活成为他们日后一个美好回忆，而非苦难。

正如老师所言，家长要把握好"守望"的分寸，不要过度关注，无微不至的关怀和爱护会让孩子感到压力，他们会觉得如果考不好，很对不起父母。同时，也要体谅他们的辛苦和焦虑，及时给予肯定和鼓励，让他们感到不是一个人在战斗。要了解孩子的需求，用心解读他们、体会他们，然后，默默守望着……

手机使用管理办法

妈妈看完最后一个朋友圈的新分享后,把手机关掉,准备睡觉。可她隐约看到东东的房间里好像还有微光。妈妈蹑手蹑脚地走到儿子的门口,透过门缝,看到东东正在看手机。她没有说话,悄悄地返回了自己的房间。

旁边,爸爸也在看手机。一看,已经是晚上十一点多了,妈妈轻声自言自语道:"都这么晚了啊!"没想到浏览手机会使时间过得这么快,同时,意识到自己最近看手机的时间太长了。

躺在床上,妈妈辗转反侧,始终惦记着东东房间里那抹微光,心想,这个孩子要几点才睡啊?看手机时间过长,不只占用了大量时间,对视力也会有很大影响。妈妈意识到,不只东东,也包括自己,还有爸爸,如果管理不好看手机的时间,可能会影响很多事情。

第二天是周末,妈妈早早起床,做好饭后,就叫爸爸和东东起床吃饭。显然,父子俩都没睡醒。

看着两个睡眼惺忪的男人,妈妈说,"昨晚,因为玩手机,大家都睡得太晚了。"

两个男人仍显得无精打采。

东东说,"那还不让我们多睡一会儿啊?"

"我是故意早一点叫醒你们的。"

爸爸吃惊地看着妈妈问:"为什么啊?"

妈妈认真地说:"因为有一件很重要的事,需要和你们两个商量。"

一听说有重要的事要商量,父子俩都变得清醒起来。

妈妈说,"首先,自我检讨一下,我最近因为看手机而消磨掉的时间太多了……"

爸爸有点不解地看着妈妈,"然后呢?"

"作为妈妈,我没有给儿子带好头,每天熄灯后还不睡觉,玩手机到很晚。这样既影响睡觉,又伤害眼睛,而且……这还只是晚上的情况……"

东东看了看爸爸,又看了看妈妈,问:"还有什么情况?"

"白天,我也会时不时地浏览朋友圈,看信息……为此,不知浪费了多少时间。"

爸爸醒悟道,"我做得也不好。昨天晚上刷朋友圈刷到很晚才睡……"

东东不吱声了。

妈妈问,"东东,你这方面做得还行吧?"

东东想了想,有点吞吞吐吐道:"我……只要不学习的时候,也总是惦记着玩玩手机。"

妈妈作为难状道:"那你们说,怎么办啊?我们要不要约束一下啊?"

爸爸率先表态:"得约束!不能让手机把我们的时间都给绑架了。"

东东说,"那就注意点吧!"

妈妈看了看父子俩,建议道:"我有个提议,你们看行不行?"

爸爸问:"什么建议?"

"我们制定一个关于手机使用的管理办法吧?"

爸爸笑道,"你以为咱家是你们单位啊?"

"国有国法,家有家规!家也是一个小单位啊!"

东东敏感地问:"你不会把我的手机没收吧?"

妈妈笑道:"你真聪明。我当然不会那么独裁,只要你遵守'办法',手机完全可以为你服务。"

爸爸明白了妈妈的意思,附和道:"看来,这个手机使用管理办法还是有必要的,我最近就有点管不住自己呢!"

妈妈说,"其实很简单,电话功能正常使用,其他事情集中在两个时间段内处理,一个是中午,一个是晚上,而且每次只能使用半小时。"

爸爸反问道:"如果违反规定呢?"

"没收手机一个星期。"

东东想了想,问:"这个办法是对我一个人的,还是包括你们两个?"

"当然是咱们仨都要受到约束。一家人有福同享有难共当啊!"

东东首肯道,"那我同意了。"

写给妈妈们:

电子智能产品给现代生活带来了便利,也引出了新的问题。家长和老师都很苦恼孩子的手机管理问题。所以,我们身为家长就从自身做起吧!

家长在约束和管理孩子时,不但要以理服人,还要做足榜样。让孩子知道凡事都要节制,有张有弛。不只要这样要求孩子,大人们更要做好表率。

还有,平时尽可能多地带孩子参加各种活动,让他们的视野不局限于手机屏幕;同时,对孩子提出具体要求,比如吃饭、学习时间要将手机收起来等。最终,让他们形成在固定时间处理和手机相关的事务,养成良好的使用习惯。

学习真的有捷径吗

妈妈多次参加东东的家长会，听得最多的两个词儿就是"马虎"和"基础不牢固"。老师们甚至说，高考的侧重不再是冲击高、精、尖的难题，而会越来越倾向于全面考核"根基"，所以，对基础知识的掌握扎实与否至关重要。

妈妈听后很高兴，因为在东东上小学时，她就培养儿子踏实的学习作风，对知识的掌握不能模棱两可，对知识的准确性务必做到一丝不苟，对基础知识的掌握更要精准无误。

由于在小学和初中打下了良好的基础，养成了不错的学习习惯，东东顺利进入高中。高中三年的学习成绩相当稳定，老师们甚至说，"这种平稳的成绩在学校的历史上，也很少有学生能做到。"

很多家长得知东东的学习情况后，经常向妈妈讨教。妈妈总是说，"真的没什么特殊的捷径和奇妙的招数，就是踏实学习，打牢基础，融会贯通。"

高考一模后，学校再次召开学生和家长的联席会，老师非常认真负责地分析孩子们每次的考试结果，得出结论，大部分同学都是在审题等基础部分丢分。

用年级组组长的话说，就是该得的分没有得到，百分之八十的丢分都集中在审题马虎上。

会后，母子俩又详细分析了考试中的得与失。结果发现，东东之所以成绩一直处于稳定，就是因为基础部分丢分少。这确实得益于他长期坚持的踏实学风。

妈妈问："有什么具体的好经验可以和同学分享吗？"

东东说，"还记得小学时，咱们一起商定的'定、静、思，再行'吗？"

"记得啊！"

"我一直把它坚持到现在，已经成为习惯了。即使高考一模时，我仍在用这个方法。"

妈妈有点吃惊地问："有用吗？"

"当然！拿到卷子后，先不急于动笔，切勿毛毛糙糙地开始答卷。先把自己的心思定住，平静一下。在这种安稳的状况下，思考、思维，然后再动笔。"东东语气很是老到。

妈妈欣慰地笑了，鼓励道："好吧！加油。"

是啊，在人才济济的高考竞争中，每个人都很努力，大家的智商都不低。核心竞争力只有一个，就是要把基础知识吃透，掌握到位。

所谓"水到渠成""万丈高楼平地起"，说的都是这个道理。

写给妈妈们：

在浮躁的时代，养成踏实的作风真的很难。

我们家长在生活和工作中，不也存在人浮于事的情况吗？何况自控力不高的孩子？

从某种意义上讲，高考拼的就是踏实的学风。高考考的是孩子十二年的知识积累、十二年的经验习得，甚至包括十二年来所练就的心理素质。因此，高考更青睐有耐力、有后劲的孩子。

高考没什么窍门，学习更无什么捷径，知识是点滴积累的，成绩亦是积累后的产物，唯有踏踏实实掌握每一个知识点，才能收获喜人的成果。

一些所谓的"高考冲刺班"，至多会教孩子一些答题的技巧，而这些技巧对于基础扎实的孩子来说完全是画蛇添足。学习从来不是一蹴而就的事，高考考场验收的也绝非高三一年的学习成果，只要孩子能贯彻始终踏实地学习，完全可以自信满满地走向考场。

接受妈妈的参访

高考这件事对于一个学生来说，过于神圣，过于严肃，也过于残酷。真正面对时，总是让人深感紧张，当然，亦让人充满期待。

距高考尚有五个月的一个周末，正好赶上新年，东东和妈妈在家休息。妈妈突然说，"要不，今天我采访你吧！"要知道，妈妈还真不是客串的记者，而是实实在在做了十二年的资深记者。

有时，东东很喜欢妈妈灵光一闪炮制出的"花样"，应声附和道，"好啊！"而妈妈只是想通过这样的方式，更多地了解儿子的内心想法，从而帮助他。

于是，母子俩就留下了2014年12月31日的这篇采访稿：

妈妈：刚刚参加了学校的成人礼，十八岁的生日也过完了，谈谈自己的想法吧！包括如何看待自己这十八年的成长之路、得与失、收获与困惑等。

东东：我对自己十八年的成长结果大体是满意的。从小学高年级以来，学习经历就很顺。可最近，距离高考只有五个月了，我发现很多同学都在努力，自己的成绩排名也受到了挑战。以前，我的排名不是第一就是第二，最近这两次分别掉到年级第五和第十。虽然老师安慰我说不用想得太多，按照自己的节奏走就可以，可自己还是有些担心被更多的后来者超过。所以，近来总是有危机感。

另外，虽然形势紧张，但我仍然不想放弃各种娱乐活动，担心这么早就放弃娱乐，到了六月高考时出现过早的透支。妈妈不是一直说，生活不是从高考之后才开始的吗？

感谢父母的培养，从懂事起，和妈妈的关系一直很好，遗憾的是，和爸爸关系一般。我觉得爸爸因为太忙，陪伴孩子的时间太少。

还有，我对自己的身高不是很满意，在很小的时候，就被医生断言骨龄已经闭合了，所以担心未来的身高可能就停留在175cm，而无法长到理想的178cm。

我还觉得自己读书不是很多，但思考能力很强，写作不乏高度和深度。对这点虽有遗憾，但不会影响到高考。

此外，我觉得自己的性格有些放不开，对时间的危机感和紧迫感太强，总感觉时间不够，有太多喜欢做的事做不了，而且很怕死。

最后，就是觉得自己长相太嫩，对外形总是不太自信。

妈妈：明天将要跨入新的一年——2015年了，距离你的高考还有157天，现在的心情怎么样？

东东：心情很平静。如果把6月7日当作马拉松的终点，那我现在不会过多去想那个终点的事，而是一个目标一个目标地跑下去。目前，我已把未来的目标分解好，分成1月底的期末考试、寒假、一模、二模、高考五个子目标，一个个目标踏实地跑过就好。让自己保持心态平和，不紧张，顺其自然。这五个小目标，特别是在完成前两个小目标时，我不想放弃娱乐生活，等到第三个小目标阶段就会暂时放下所有娱乐去拼一拼，玩一次命。

妈妈：你是怎么看待高考的？你给自己设定的高考目标是什么？

东东：高考就是一个考试呗！一个全国性的大考。通过高考，每个人走向适合自己的理想大学，再度深造，这就是我理解的高考。

高考可以检测自己在高中到底学得如何，以及能去哪个大学；高考的压力可以重塑自己，包括锻炼我们的抗压能力、管理和分析时间的能力等。抗压能力的锻造有益身心。身体素质可以通过每天的体育锻炼得以提高，而心理素质就是练就自己在高压下仍能保持水平的正常发挥。

我为自己设定的高考目标是学校前三名和总分数在710以上（高考满分是750分），这样两个标准达到哪个都行。至于报考的大学和专业，因为是在高考后才填报，先不去想，等考后再决定不迟。

妈妈：你将如何分配这157天，心里有大概的想法吗？是想计划一下，还是跟着学校的节奏走？

东东：我会把这157天分为五个阶段，前边说过了。

我在高一高二时，基础打得比较牢靠，现在复习时就比较轻松，所以最近这段时间自己还想过得轻松点，娱乐生活必不可少，每周五晚上都要看《我是歌手》。

寒假的前两天，我会集中精力收拾自己的书架、图书、作业等所有和学习有关的内容，然后做一个计划，主要是查遗补漏。

平时在学校的时候，就跟着老师的节奏走，他们都很厉害，按照安排一起学习就可以了。寒假开始后，则完全按照自己的节奏走。

妈妈：这157天，父母老师等都将陪着你一起度过，对他们有什么期望吗？还有，在其他方面有没有什么特别的期望？

东东：对父母的期待，还是希望你们在人生的大问题上给我指导和帮助。比如报考哪所大学和专业的问题，希望父母有时间找到更多一手可靠的资料，可供我来参考。在正式填报的时候，父母能提供指导，与我共同决定未来的人生发展方向。

在家庭氛围上，我希望父母不要有任何争执。如果闹矛盾了，可以不说话，但谁都不要摔门。父母的争吵是孩子高考中最大的杂音——烦！

对伙食后勤方面，我没什么特殊要求，每个月给点零花钱，一个星期吃一次鱼，喝一次汤。买的零食不要太硬，也不要热量高的。还有，周六日互相监督着去跑步，如果我发懒，就拉着我去。

妈妈：我们一直提倡"生活不是从高考后才开始的"，我比较关心你在这157天里娱乐健身等方面的计划。你能坚持吗？跑步的事是否能坚持一周跑两次，每次五公里？

东东：周六日跑步两次，每次五公里。好电影是要去看的，比如《霍比特人》是一定要看的。每周给自己一天彻底放松的时间，可以出去游荡，也可以在咖啡馆里卖呆。每周五晚上十点看《我是歌手》。

每周末会拿出一个半天的时间用来阅读，一是想沉淀一下心灵，二是想为高考作文积攒点素材。音乐会会一直听下去，音乐于我来说，是一种享受和放松。

妈妈：你认为这157天对一个高考生来说重要吗？需要解决的问题有哪些？

东东：这段时间特别关键，特别是前57天更加重要，可以大幅提升高考成绩的机会就蕴藏在这57天内，一定要把这157天的前57天利用好，因为后面100天可能很多东西都定型了。

高考前，我需要解决的集中在弥补知识的漏洞、锻炼考场能力，以及控制心态等方面。心态调整说简单也简单，说复杂也复杂，其实就是通过考试来解决。不断地经历考试，最后适应考试，对考试麻木，那么，到正式的考场后自然就不紧张了。

妈妈：你有没有计划和上届的学长请教，或者了解"前人"的经验，看看他们作为过来人的得与失？从而更好地利用好这157天？

东东：这方面的事学校已为我们做了安排。前两天，去年参加高考的三位学长来学校和我们分享了自己的经验和心得，包括怎么安排复习、填报志愿等。

其实，这种"活人通知"只能起到一定作用，学长的成功是不可复制的，参考一下即可。重点还是要吃透自己，缺什么补什么。想学习+会学习+适合自己的方法，就等于OK了！

妈妈：晚上十一点四十分前必须睡觉，可以吗？睡眠是妈妈比较在意的一件事，因为你还处于身体发育阶段。

东东：我是一个觉很少的人，不要给我划定统一的睡眠时间，我会根据自己的精力判断何时该睡觉。如果第二天犯困，那头一天的作业还不如不写，这个道理我很清楚。而且，老师也说了，如果时间和精力不够，可以和老师申请少写点作业。这个我会自己掌握，睡眠时间要因人而异，请妈妈不要太在意。

妈妈：祝你成功！希望你如愿。

写给妈妈们（采访后记）：

说实话，采访东东时，他对有些问题的回答让我有些吃惊，母子朝夕相处，有些话他以前并未说过。我也未曾发现，对有些事他很有自己的一套想法，而他所在意的一些事，也是我此前一直忽视的。

很多时候，我们以为很了解自己的孩子，其实未必真的了解。通过"采访"这样独特的场景设计，孩子能冷静而客观地和父母交流，说出心里话。而父母也通过这样深入的交谈了解了孩子的真实状况，以及自己应该做什么、怎么做等问题。

所有家长都希望在孩子高考时做得更好，能帮到他们，那就直接去问问孩子，他们需要我们做什么、怎么做，就好了。

做最好的自己，就好了

晚饭时，东东主动和爸爸妈妈谈起班里很多同学都为自己设定了高考目标，有不少孩子还和老师、同学分享分析了自己的目标。

妈妈就说，"那你和大家分享了吗？"

东东说，"我也分享了。"

妈妈有点好奇地问，"那你是怎么分享的？"

"我给自己设定的目标是自己能操控、能把握的。"

妈妈有点糊涂地看着儿子问："什么叫'能操控'？'能把握'又是什么意思？"

"爸爸妈妈一定很关心我的成绩排名，很多家长都关心这个。但这个问题不仅涉及自己考得如何，还涉及别人考得如何；而我们无法控制别人的情况，所以，能做的就是让自己做到最好。"

妈妈听后，深深地点头，说，"明白了！"她很认同东东的想法，一个人每天想着怎么超越别人，是一件很累的事。其实，只要心无杂念地把知识学好，把高考复习工作做好，做"最好的自己"就够了。妈妈很高兴儿子把自己的高考目标设定为"超越自己，挑战自己"。

临考最后三个月，东东也真是拼了，每天学习到很晚。

妈妈心疼儿子，就说，"早点睡吧！"

东东安抚妈妈道，"不用心疼我，高考一生只有这一次，我要拼一拼，不能给自己留下遗憾。"

这天，妈妈接到东东班主任黄老师的微信，表扬道：东东不仅自己学习好，而且在管理班级、给同学讲题方面都表现得特别好，为此还得到年级组组长和很多科任老师的表扬和肯定。

看后，妈妈并不兴奋，而是反复嘀咕着：高三的学习多么紧张，东东怎么还有时间给别的同学讲题呢？他这样做会不会耽误自己的学习啊？讲题的事不是还有老师吗？

就这样，她有点忐忑不安地等着儿子放学回来。

见到儿子，妈妈有点不放心地说："听老师说，你的'东哥小课堂'还进行得不错啊！"

"嗯，最近大家学习的热情都很高。"

妈妈惴惴不安地问，"和同学分享是好事，但不会耽误自己的学习吧？"

东东安慰妈妈道，"在给别的同学讲题的过程中，我也是在进一步地熟悉知识啊！"

"可我还是觉得有点耽误自己的学习时间。"

东东笑着说，"我明白妈妈的意思。放心吧！很少有学生能超过老师的。再说，即使超过，不也是老师的光荣吗？"

妈妈有点不好意思道，"我不是自私狭隘，你是我儿子，所以我替你担心。"

"我知道。我们班的几十个同学都是我的高考竞争对手，全国上百万的考生也都是我的竞争对手，所以每个人能做的就是做最好的自己。"

妈妈想起，自己一贯培养东东的"赤子之心"，那今天就算收获了自己播种的"果实"。她的心中有点五味杂陈，但好像还是甜味多一些。

就这样，东东在高考的路上，不停地和同学分享学习经验，也分享压力和快乐。同学之间更会天马行空地探讨对未来的憧憬。中午，几个孩子边吃饭边计划着高考后的安排，展望高考后的美好生活和各种对自己的奖励。

看来，分享还真是一件美好和快乐的事啊！

写给妈妈们：

高考时，不要盯着别人，而要盯着自己，让自己做到最好，就会成就一个无怨无悔的高考。

人生不是和别人比赛，如果说到"比"，那也一定是和自己比。一次次超越自己，一次次实现自我价值，让自己一次比一次做得更好，一年比一年成长得更完善，这就是人生最大的成功。

人生在世，做最好的自己就够了。

分享，是我们所处时代的一个鲜明特征。微信朋友圈里，好友们分享着自己的喜怒哀乐、生活经验、知识习得、人生感悟。世界因此变得信息共享、知识共享、情感共享、人生共享。

习惯分享的孩子必定会成为优秀团队的领头羊、领头雁，在成就别人的同时，也收获了自己璀璨的人生。

后记

这本书的文字是根据"东东成长周记"整理出来的。

在东东出生后,作为妈妈的我就开始为他写周记,这一写竟然坚持了近十九年,直至孩子高中毕业,共计百余万字。

当初,我只是单纯想用文字记录下他的成长点滴。后来,想等他成年后,把这些文字作为"成人礼"送给他。

一个人不管成年之后如何发展,小时候发生在他身上的事也许对于别人并不重要,但对自己和身边亲人总是意义非凡。

再后来,有人问:"你可以把养育东东的经验说给我们听听吗?"让我惊讶的是,这些本以为所有妈妈尽知的东西,在很多人读来却受益匪浅。

再往后,更多人问:"你可以把那个育儿周记送我一份吗?"我有些为难,这上百万字要用很多纸张才能复印完成,而我更担心妈妈们因阅读它们,而耽误宝贵的时间。

最后,我决定把周记整理成一本书,其中的文字浓缩了周记的精华。于是,便有了这本名为《不完美，很幸福》的育儿手记。在我看来，没有比让孩子感到幸福更重要的馈赠了，能够深切地体会幸福的真谛，才是最成功的人生，不用计较这是否完美无缺。

  我真诚希望这本书能给更多的妈妈提供参考，让幸福驾临整个家庭，这也算是一种分享吧！

张春杰

2018年元月于北京

和孩子一起度过成长的欢乐时光,
没有比这个更重要和更美好的了!